Einstellungshürden überwinden

Elke Eßmann

Zu alt? So kriegen Sie den Job!

Optimale Strategien für die erfolgreiche Bewerbung

Im FALKEN Verlag sind zahlreiche Titel zum Thema Bewerbung erschienen. Sie sind überall erhältlich, wo es Bücher gibt.

Sie finden uns im Internet: **www.falken.de**

Dieses Buch wurde auf chlorfrei gebleichtem und säurefreiem Papier gedruckt.

Der Text dieses Buches entspricht den Regeln der neuen deutschen Rechtschreibung.

Originalausgabe
ISBN 3 635 60539 4

Umschlaggestaltung: Kraxenberger KommunikationsHaus GmbH, München
Redaktion: Thomas Wieke, Wiesbaden
Koordination: Regine Gamm
Herstellung: Bettina Christ

Satz: DM-SERVICE Mahncke & Pollmeier GmbH & Co. KG, Rodgau
Druck: Freiburger Graphische Betriebe GmbH, Freiburg

817 2635 4453 6271

Inhalt

Der erste Schritt: Gehen Sie das Problem offensiv an *8*

Vorüberlegungen: Das Alter als Einstellhürde ***8***

Vorurteile und was davon zu halten ist ***9***

Ältere Mitarbeiter sind nicht mehr so leistungsfähig ***10***
Ältere Mitarbeiter sind häufiger krank ***11***
Ältere Mitarbeiter sind weniger belastbar ***11***
Ältere Mitarbeiter sind nicht mehr flexibel ***12***
Ältere Mitarbeiter sind nicht auf dem neuesten Stand ***12***
Ältere Mitarbeiter sind teurer als junge Mitarbeiter ***13***
Ältere Mitarbeiter sind schwerer zu kündigen als jüngere ***13***
Ältere Mitarbeiter nehmen jüngeren den Platz weg ***14***

Beschäftigungschancen Älterer auf dem Arbeitsmarkt ***14***

Vor der Stellensuche steht die Kündigung ***17***

Alarmsignale rechtzeitig wahrnehmen ***17***
Was bei der Kündigung zu beachten ist ***18***
Die Alternative zur Kündigung: der Aufhebungsvertrag ***20***
Ihr derzeitiger Arbeitgeber kann viel für Sie tun ***21***
Fünf Empfehlungen für den Beginn Ihrer Stellensuche ***23***

Der zweite Schritt: Entwickeln Sie Ihr Profil *26*

Auswertung Ihres Berufslebens: Was können Sie bieten? ***26***

Berufliche Erfahrungen: das Plus der Älteren ***27***
Die Bedeutung von Branchen- und Spezialkenntnissen ***28***
Außerberufliche Fähigkeiten ***29***
Mobilität ***29***
Bereitschaft zur Weiterbildung ***30***
Persönlichkeit gefragt: Haben Sie soziale Kompetenz? ***31***

Kleine Änderungen oder großer Neubeginn: Wo und wie können Sie künftig arbeiten? *32*
Weg Nummer eins: der Stellenwechsel ***33***
Weg Nummer zwei: eine andere Branche ***34***
Weg Nummer drei: eine andere Tätigkeit ***35***
Weg Nummer vier: etwas ganz anderes machen ***36***

Viele Wege führen in die Arbeitswelt *36*
Eine neue feste Anstellung ***37***
Zeitarbeit ***39***
Selbstständigkeit ***40***

Fazit: Definieren Sie Ihr Ziel *45*

Der dritte Schritt: So bewerben Sie sich erfolgreich *47*
Verschiedene Suchwege und Informationsquellen *47*
Informationsbeschaffung über den Arbeitsmarkt ***47***
Was Karriereberater für Sie tun können ***50***
Wie Sie Praxiskontakte und Netzwerke nutzen können ***51***
Hilfen vom Arbeitsamt ***52***
Empfehlungen zur Organisation der Stellensuche ***54***

Strategien der Stellensuche *56*
Die telefonische Anfrage ***57***
Der klassische Weg: Bewerben auf Stellenanzeigen ***59***
Initiative zeigen: die Blindbewerbung ***59***
Kurz und punktgenau: die Zielgruppen-Kurzbewerbung ***60***
Das eigene Stellengesuch ***61***
Direkte persönliche Ansprache ***65***

Ihre Visitenkarte: die schriftlichen Bewerbungsunterlagen *66*
Qualifikationen auf den Punkt gebracht: das Anschreiben ***67***
Ihre Daten in Bestform: der Lebenslauf ***76***
Was sonst noch in die Bewerbungsmappe gehört ***85***

Der gelungene Auftritt: das Vorstellungsgespräch ***90***
Der Ablauf des Vorstellungsgespräches ***91***
Die richtige Vorbereitung ***94***
So wirken Sie fit und selbstbewusst ***105***
Das andere Extrem ***110***

Nach dem Gespräch ***111***
Effektive Nachbereitung ***111***
Mit Absagen umgehen ***113***
Wenn sich die Absagen häufen ***116***

Register *118*

Der erste Schritt: Gehen Sie das Problem offensiv an

Vorüberlegungen: Das Alter als Einstellhürde

Ältere Arbeitnehmer haben unabhängig von der fachlichen Qualifikation eine schwierige Ausgangsbasis, wenn sie einen Stellenwechsel anstreben. Wer mit 45 eine Arbeit sucht, sich aus „ungekündigter Stellung" verbessern will, innerhalb des Betriebes einen Aufstieg erreichen oder Fördergelder für eine qualifizierte Umschulung beantragen möchte, der wird schnell lernen: Er oder sie sei zu alt! Was bis vor kurzen nur für Leistungssportler oder Laufstegschönheiten galt, müssen immer mehr Arbeitnehmer erfahren: Mit zunehmendem Alter werden sie für eine Beschäftigung unattraktiver. Galt bis vor wenigen Jahren noch das Alter von 55 als Einstellhürde auf dem Stellenmarkt, so hat sich diese unsichtbare Altersgrenze inzwischen merklich nach unten verschoben.

Die Mitarbeiter sollen flexibel, dynamisch und erfolgreich sein, d. h. über Eigenschaften verfügen, die vorrangig der Jugend zugeschrieben werden. Arbeitnehmer jenseits der 40 sind da bereits nicht mehr so gefragt. Bei Neueinstellungen greifen die meisten Unternehmen lieber auf Jüngere zurück. Eine im Auftrag des Instituts für Arbeitsmarkt- und Berufsforschung (IAB) durchgeführte Studie bei Langzeitarbeitslosen ab Mitte 40 zeigt: Das Risiko, arbeitslos zu werden und es dann auch zu bleiben, wird mit dem Alter größer. Die meisten Arbeitsuchenden über 40 hatten bis dahin ein kontinuierliches Erwerbsleben mit durchschnittlich 28 Berufsjahren hinter sich, im Durchschnitt hatten sie nicht mehr als dreimal das Unternehmen gewechselt. Ende 1998 lag die Zahl der Arbeitslosen über 40 in Deutschland bereits bei rund 2,2 Millionen. Diese Zahlen klingen zugegebenermaßen alles andere als ermutigend.

Doch alt und aktiv bilden keinen Widerspruch. Dieses Buch will Ihnen Mut machen und Empfehlungen geben. Wie können Sie es schaffen, eine Ihnen entsprechende Beschäftigung zu finden? Diese Frage soll nicht ohne Antwort bleiben. Der Arbeitsmarkt bietet zwar nicht allen Arbeitsuchenden die gleichen Chancen, doch jeder Bewerber kann Erfolg haben, wenn er die

Möglichkeiten kennt, die sich ihm realistisch gesehen bieten, und wenn er systematisch vorgeht. Vielfach scheitern Bewerber schon daran, dass sie sich über ihre eigenen persönlichen und beruflichen Ziele nicht im Klaren sind und viel zu oberflächlich und wenig zielgerichtet an die Stellensuche herangehen. So gibt es einige Grundregeln im Bewerbungsverfahren, die Stellensuchende kennen und beachten sollten. Jeder Bewerber kann seine Chancen entscheidend verbessern, wenn er sich gründlich vorbereitet, die eigene Ausgangslage kennt und möglichst unvoreingenommen und offen an die Stellensuche herangeht.

Beinahe das Wichtigste bei der Stellensuche in einer schwierigen Ausgangsposition ist die Bereitschaft, auch über Möglichkeiten nachzudenken, die zunächst vielleicht abwegig erscheinen. Das erfordert den Willen zur Veränderung und ist manchmal ein mühsamer Prozess. Flexibilität ist wichtig. Sie müssen ein Gespür dafür entwickeln, was in der Berufswelt vor sich geht und wo Ihre Fähigkeiten gefragt sind. Es ist wichtig, dass Sie sich aktiv bemühen und die Initiative ergreifen. Wer zu Hause darauf wartet, dass jemand an seine Tür kommt und ihm eine Stelle anbietet, der hat schlechte Karten. Aber eine Portion Zähigkeit und eine gute Bewerbungsstrategie können zum Erfolg verhelfen.

Vorurteile und was davon zu halten ist

Ältere Mitarbeiter gelten als weniger produktiv, leistungsbereit und flexibel. Sie seien häufiger krank und nicht mehr so belastbar, heißt es. Sie seien – so die Schlussfolgerung – weniger in der Lage, aktuellen und zukünftigen beruflichen Anforderungen und Belastungen zu entsprechen. Solche Vorbehalte, die bei den Entscheidungsträgern in den Personalabteilungen eine eher negative Einschätzung älterer Mitarbeiter begründen, sind weit verbreitet und halten sich hartnäckig. Dabei sollte ein Blick in die Vorstandsetagen vieler Unternehmen eigentlich genügen, um festzustellen, dass ein reifes Alter nicht automatisch mit geringer Leistungsfähigkeit in Verbindung zu bringen ist. Und nicht erst seit Adenauer käme bei führenden Politikern – häufig jenseits der 50 – niemand auf die Idee, sie allein wegen ihres Alters für unproduktiv zu erklären.

Was aber ist konkret von den Vorurteilen zu halten, mit denen ältere Bewerber immer wieder konfrontiert werden? Dieser Frage soll in den folgenden Abschnitten am Beispiel der häufigsten Vor-Urteile nachgegangen werden.

Ältere Mitarbeiter sind nicht mehr so leistungsfähig

Vom wissenschaftlichen Standpunkt ist es längst erwiesen: Das biologische Alter taugt nicht zur Bewertung individueller Leistungsfähigkeit. Eine neuere Untersuchung der Universität Wuppertal zeigt, dass unter relativ normalen Entwicklungs- und Lebensbedingungen bis ins hohe Alter weder Intelligenz noch geistige Kompetenz nachlassen. Zwar nimmt die so genannte fluide Intelligenz, also die Mechanik des Denkens ab – das Denken wird langsamer – die so genannte kristalline Intelligenz (Denkinhalte, Kulturwissen, Wissenssystem) bleibt jedoch konstant und kann bis weit in die 50er graduell ansteigen. Und auch danach ist durchaus nicht zwangsläufig mit einem stetigen Leistungsabfall zu rechnen.

Gerade aufgrund der Verbindung von intellektueller Kompetenz verbunden mit praxiserprobten Know-how könnten Ältere demnach in besonderem Maße zur problemlösenden Bewältigung auch neuer Herausforderungen im Berufsleben beitragen. Untersuchungen zur Leistungsfähigkeit älterer Erwerbstätiger haben gezeigt, dass sie über verschiedene Stärken im besonderen Maße verfügen, wie beispielsweise:

- Urteilsvermögen im Umgang mit komplexen Sachverhalten, verbunden mit der Fähigkeit zu vorausschauendem Planen
- Sprachkompetenz, sprachliche Gewandtheit und Ausdrucksvermögen innere Ausgeglichenheit und menschliche Reife
- Fähigkeit, Spannungen innerhalb des Betriebes auszugleichen
- Verantwortungsbewusstsein, Zuverlässigkeit und Beständigkeit
- Fähigkeit, private Schwierigkeiten von der beruflichen Tätigkeit zu trennen
- positive Einstellung zur Arbeit
- Sicherheitsbewusstsein

Natürlich verlaufen Alterungsprozesse individuell unterschiedlich und sind abhängig vom konkreten Erlebnis- und Erfahrungshorizont des Einzelnen. Und natürlich ist es richtig, dass mit den Jahren bestimmte körperliche

Fähigkeiten wie die Muskelkraft und das Hör- und Sehvermögen nachlassen. Selbst in den (ständig weniger werdenden) beruflichen Tätigkeitsfeldern, in denen auch heute noch vorwiegend körperlich gearbeitet wird, gibt es keine wissenschaftlichen Belege für altersbedingte Leistungsunterschiede. Der „Verschleiß" ist hier eher als eine Langzeitfolge gesundheitsschädlicher Arbeitsbedingungen zu betrachten, die Ältere natürlich besonders betrifft.
Festzuhalten bleibt daher, dass Ältere nicht grundsätzlich weniger leistungsfähig sind, allenfalls kann man von einer veränderten Leistungsfähigkeit sprechen.

Ältere Mitarbeiter sind häufiger krank

Dieser Vorbehalt stammt noch aus den Erfahrungen einer Arbeitswelt, die durch harte körperliche Arbeit geprägt war. Die Langzeitwirkung dieser Arbeitsbedingungen führte häufig frühzeitig zu Verschleißerscheinungen. Wie wenig dieses Vorurteil die aktuelle Wirklichkeit widerspiegelt, zeigt nicht nur ein Blick auf die „Senioren", die sich bei ihrer Pensionierung mit 60 oder 65 häufig noch bester Gesundheit erfreuen, sondern vor allem die Abnahme solch schwerer körperlicher Tätigkeiten im Zuge des technischen Fortschritts.
Neuere Untersuchungen haben gezeigt, dass häufige Krankmeldungen weniger eine Altersfrage als ein Ergebnis unbefriedigender Arbeitssituationen sind. In gut geführten Betrieben mit einem angenehmen Arbeitsklima und einem kooperativen Miteinander der Kollegen liegt die Krankheitsquote auch der älteren Mitarbeiter weit unter Durchschnitt. Es liegt auf der Hand: Ein positives Arbeitsempfinden wirkt sich auch positiv auf die körperliche Gesundheit aus. Es gibt keinen Beleg dafür, dass gesundheitliche Einschränkungen bei älteren Mitarbeitern vornehmlich durch den biologischen Alterungsprozess bedingt sind.

Ältere Mitarbeiter sind weniger belastbar

Für die Belastbarkeit ist ebenso wie für die Gesundheit das Arbeitsumfeld und das Betriebsklima von entscheidender Bedeutung. Nicht das biologische Alter ist ausschlaggebend, sondern die seelische Gesundheit, die Neugier auf die Zukunft und die Einstellung zum Leben. Man kann im Gegenteil sogar feststellen, dass Ältere in beruflichen Stresssituationen belastbarer sind als die jüngeren Kollegen. Sie können aufgrund ihrer Berufserfahrung kritische Situationen oftmals besser überschauen und bewältigen als die jüngeren Kollegen. Viele ältere Beschäftigte kommen mit zunehmendem Alter in ein Stadium, wo sie ihren Job perfekt beherrschen und sich auch in einer schwierigen Lage nicht so schnell aus der Ruhe bringen lassen. Sie kennen alle wichtigen Abläufe und Personen und wissen im Notfall Mittel und Wege, auch das Unmögliche möglich zu machen.

Ältere Mitarbeiter sind nicht mehr flexibel

Neben der geringeren Belastbarkeit wird mangelnde Flexibilität als ein weiteres Indiz des Alters angesehen. Auch dieses Vorurteil lässt sich nicht pauschal auf alle Älteren anwenden. Die persönliche Haltung, weniger das biologische Alter, bedingt, ob jemand festgefahren und nicht mehr flexibel ist. Generell kann man sogar sagen: Aufgrund größerer Berufserfahrung und einer daraus resultierenden fundierten Urteilsfähigkeit stehen die Älteren in puncto Flexibilität im Vergleich mit Jüngeren recht gut da. So berichtet eine Geschäftsführerin: „Wir haben die Erfahrung gemacht, dass gerade Ältere sehr zielorientiert arbeiten, sehr bewusst arbeiten, sehr flexibel arbeiten und vor allem bereit sind, über das durchschnittliche Maß hinaus zu arbeiten und sich selbst auf kreative Art und Weise einzubringen."

Ältere Mitarbeiter sind nicht auf dem neuesten Stand

Älteren Arbeitnehmern wird oft pauschal unterstellt, ihr Wissen, ihre Kenntnisse wären veraltet. Außerdem stünden sie Computern reserviert gegenüber. Ob das Wissen auf dem neuesten Stand ist, hängt davon ab, ob sich der Arbeitnehmer fortgebildet hat. Rein biologisch gibt es keinen Grund, weshalb ein 45-jähriger mit seinem Computer weniger versiert umgehen sollte als ein 20 Jahre jüngerer Mitarbeiter. Allerdings beteiligen sich ältere Mitarbeiter nachweislich weniger an Qualifizierungsmaßnahmen als notwendig wäre. Der Grund für die geringere Weiterbildungsaktivität wird häufig mangelnder Bereitschaft zugeschrieben. Das ist jedoch nur die eine Seite der Medaille. Auf der anderen Seite kann man nämlich feststellen, dass die Fortbildung Älterer von Unternehmensseite wenig gefördert wird. Der Arbeitgeber stellt sich die Frage in etwa so: Warum in die Fortbildung von jemanden investieren, der in Kürze in den Ruhestand geht? Durch diese Weiterbildungspolitik sind bei Älteren tatsächlich vermehrt Wissensdefizite

festzustellen, was sich insbesondere bei innovativen Techniken, beispielsweise im Umgang mit Computern, bemerkbar macht.
Ein guter Wissensstand hängt derzeit in erheblichem Maße davon ab, inwieweit der Einzelne die Notwendigkeit der Weiterqualifizierung erkennt und umsetzt. Nur so kann er für den Arbeitsmarkt attraktiv bleiben. Jeder sollte sich bewusst sein, dass der Bereitschaft zu lebenslangem Lernen und Weiterbildung vor dem Hintergrund einer rapiden Wissensentwicklung und stetigen Veränderungen in Technik und Arbeitsorganisation eine wesentliche Bedeutung zukommt. Weiterbildung ist damit gleichzeitig ein wichtiges Qualifikationskriterium im Bewerbungsprozess und signalisiert zudem die innere Beweglichkeit des Bewerbers (siehe dazu Seite 30 f.).

Ältere Mitarbeiter sind teurer als junge Mitarbeiter

Dies ist eines der Hauptargumente der Arbeitgeber, die jüngeren Mitarbeitern den Vorzug geben. Statistisch gesehen stimmt diese Aussage, denn nach den bisherigen Gehaltsmodellen werden die Mitarbeiter nach der Dauer der Betriebszugehörigkeit oder der Hierarchiestufe bezahlt. Langfristig ist dieser Tendenz allerdings längst Einhalt geboten. Nach Feststellung des Verbandes Angestellter Führungskräfte (VAF) sind die Zeiten vorbei, als man mit zunehmendem Alter automatisch auch mit steigendem Einkommen rechnen konnte. Heute lässt sich oft das Gegenteil ablesen, was auch damit zusammenhängt, dass viele lukrative Posten nicht mehr den Älteren zufallen, sondern an jüngere Führungskräfte vergeben werden. Gleichzeitig wird erkennbar, dass das Gehaltsniveau in vielen Branchen insgesamt im Sinken begriffen ist. Es ist daher allen Bewerbern anzuraten, sich über vergleichbare Gehälter in der Branche zu informieren und das Gehaltsgespräch mit viel Fingerspitzengefühl anzugehen. Natürlich soll sich niemand unter Wert verkaufen, es kann jedoch unter bestimmten Umständen vernünftig sein, Abstriche bei den Gehaltsforderungen zu machen (siehe dazu Seite 102 ff.).

Ältere Mitarbeiter sind schwerer zu kündigen als jüngere

Tatsächlich stoßen Unternehmen bei älteren Arbeitnehmern eher auf rechtliche Hürden, wenn sie ihnen kündigen wollen. Mit dem Alter nimmt der Kündigungsschutz zu, z. B. gelten bei betriebs- oder krankheitsbedingten Kündigungen strengere Kriterien. Was ursprünglich als soziale Maßnahme gedacht war, wird hier in der Umkehrung zur Einstellhürde. Es kann daher sinnvoll sein, einen befristeten Arbeitsvertrag zu akzeptieren, um diesen Vorbehalt zu entkräften.

Ältere Mitarbeiter nehmen jüngeren den Platz weg

Diese Einstellung hat sich seit den Siebzigerjahren herausgebildet, als der Prozess der Ausgliederung Älterer auf dem Arbeitsmarkt mit dem Auftreten von Massenarbeitslosigkeit seinen Anfang nahm. Sie basiert auf der Überzeugung, dass es ökonomisch sinnvoller sei, einen Älteren vorzeitig in den Ruhestand zu schicken, als einen Jungen in der Arbeitslosigkeit zu belassen. In dieses Vorstellungssystem gehören Vorruhestandsregelungen, Abfindungsvereinbarungen, Herabsetzung des Rentenalters, Altersteilzeit usw., die alle mit dem Ziel eingeführt wurden, Ältere vorzeitig aus dem Arbeitsleben zu drängen. Dabei kann man feststellen, dass die Bundesregierung mit dieser Beschäftigungspolitik maßgeblich dazu beigetragen hat, die Ausgliederung der Älteren als „sozialverträglich" zu legitimieren.

Dem Vorurteil bleibt entgegenzuhalten, dass die Unternehmen langfristig auf die Erfahrung und das Expertenwissen der Älteren nicht verzichten können. So erklärt ein Personalverantwortlicher in einem Interview: „Aus der Ungeduld der Jungen, der Souveränität der Erfahrenen, die sich schon spezialisiert haben, und der ruhigen Gelassenheit derer, die schon lange im Geschäft sind, entsteht genau die Mischung, die wir brauchen, um im harten Wettbewerb erfolgreich zu bleiben." Gute Personalführung bedeutet auch, dafür zu sorgen, dass die Altersverteilung im Unternehmen ausgeglichen ist und eine zukunftsweisende Mischung aus alt und jung existiert. Ist die Belegschaft eines Unternehmens bereits überproportional „alterslastig" wird man allerdings doppelt zögerlich bei der Einstellung Älterer sein.

Als Bewerber im fraglichen Alter kann es in so einem Fall sinnvoll sein, einen Zeitvertrag zu akzeptieren (siehe Seite 39).

Beschäftigungschancen Älterer auf dem Arbeitsmarkt

„Wie können Sie es schaffen, eine Arbeitsstelle zu finden, die Ihren beruflichen Wünschen und individuellen Bedürfnissen gerecht wird? Möglicherweise haben Sie Recht, wenn Sie denken, dass es auf diese Frage vor der konjunkturell angespannten Lage auf dem Arbeitsmarkt und der tendenziell schlechteren Chancen Älterer keine zufrieden stellende Antwort geben kann. Sicherlich ist der Strukturwandel, der sich in den vergangenen Jahrzehnten in der Wirtschaft abzeichnet, mit einigen negativen Seiten verbunden, aber auch positive Aspekte lassen sich erkennen. Der Arbeitsmarkt ist nicht so verschlossen, wie es auf den ersten Blick scheint.

Einerseits werden in einigen Branchen rigoros Stellen abgebaut, sodass auch langjährige Arbeitnehmer Gefahr laufen, ihren Arbeitsplatz zu verlieren. Andererseits sind die Beschäftigungschancen in anderen Wirtschaftsbereichen enorm gestiegen. Sicherlich ist Ihnen auch schon aufgefallen, dass es trotz der hohen Arbeitslosigkeit viele Unternehmen – beispielsweise in den boomenden Branchen Datenverarbeitung (DV) und Informationstechnologie (IT) – gibt, die händeringend qualifizierte Mitarbeiter suchen und nicht finden. Die Erklärung ist, dass viele Arbeitslose die „falschen" Berufe haben, die nicht zu den offenen Stellen passen. Auch die Berufsbilder selbst sind stark im Wandel begriffen. Viele Ausbildungswege verschwinden, neue entstehen. Was früher einmal galt, nämlich dass der einmal erlernte Beruf auch derjenige war, den man sein Leben lang behielt, hat schon lange keine Gültigkeit mehr. Rückblickend können Sie wahrscheinlich feststellen, dass sich Ihr erlernter Beruf in den vergangenen Jahrzehnten stark gewandelt hat oder vielleicht gar nicht mehr existiert.

Der Strukturwandel der Wirtschaft zieht darüber hinaus einschneidende Veränderungen in den Unternehmen nach sich, die dem Konkurrenzdruck standhalten müssen. Qualität, Kostenbewusstsein und Effizienz sind oberste Gebote erfolgreicher Unternehmensführung. Einführung neuer Techniken, Abbau der Hierarchien und schlanke Strukturen sind symptomatisch für eine Lean-Company. In dem Maße, in dem die Großunternehmen Stellen abbauen und sich auf ihre Kernkompetenzen besinnen, werden viele Kompetenzen an mittelständische Dienstleister vergeben. Die Fremdvergabe (Outsourcing) schafft so auf der anderen Seite attraktive Arbeitsplätze für den Mittelstand. Hier ergeben sich bessere Chancen für ältere Arbeitnehmer als in Großunternehmen, die Ältere per Altersteilzeit oder Vorruhestand ausgliedern.

Aus den Umstrukturierungsmaßnahmen resultieren in letzter Konsequenz neue und höhere Anforderungen an die Mitarbeiter. Fachliche Aufgabenbereiche werden anspruchsvoller und umfassender. Berufsanfänger tun sich damit in der Regel sehr schwer. Dagegen entsprechen Ältere aufgrund ihrer Berufs- und Lebenserfahrung oft in besonderem Maße den neuen Anforderungen. Dafür sprechen folgende Überlegungen:

- Bei einem fortschreitenden Trend zum Abbau der Hierarchien bekommt die Erfahrung in der Führung und im Umgang mit den Mitarbeitern eine höhere Bedeutung. Qualitäten wie Besonnenheit, Ausgeglichenheit, positive Arbeitsmoral, die Älteren besonders zugeschrieben werden, wirken sich positiv aus.
- Wenn teuere Maschinen immer mehr in immer kürzerer Zeit produzieren, wenn komplexe Beschaffungs-, Produktions- und Vertriebszusammenhänge von immer weniger Personal immer effektiver abgestimmt, geplant und gesteuert werden müssen, dann sind Persönlichkeiten gefragt, die kompetent und verantwortungsvoll handeln und mehr als reine Sachkompetenz zeigen. Hier können die spezifischen Stärken Älterer – wie die Orientierung auf ein neues Verhältnis zum Kunden und seine Bedürfnisse, aber auch Zuverlässigkeit, Erfahrung, Urteilsvermögen und gute Kenntnisse der betrieblichen Zusammenhänge – zur Geltung kommen.
- Auch die auf breiter Ebene propagierte Kundenorientierung bedarf solcher Persönlichkeitskompetenzen. Gerade reife Firmenrepräsentanten können dazu beitragen, positive Merkmale wie Qualität, Zuverlässigkeit und Seriosität eines Unternehmens nach außen zu vertreten.

Dass das Alter Zukunft hat, ist übrigens auch eine demographische Realität: Bereits in zehn Jahren werden nur noch 20 Prozent aller Arbeitnehmer unter 30 sein. Die Hälfte wird dann bis zu 50 Jahre alt sein, 30 Prozent noch älter.

Was bedeutet das alles für die Stellensuche? Man kann den sich wandelnden Arbeitsmarkt als Bedrohung aber auch als Chance begreifen. Das Schlagwort heißt *Flexibilität:* Es kommt darauf an, die Trends zu erkennen und die Möglichkeiten, die sich darin abzeichnen. In jedem Berufsfeld öffnen sich Nischen, in denen man seine persönlichen Stärken zur Geltung bringen kann. Klar ist außerdem: Die Zeiträume, in denen Wissen veraltet, werden immer kürzer. Das zweite Schlagwort der Zukunft heißt daher: *lebenslanges Lernen.* Warum dies notwendig ist, liegt auf der Hand: Die

Geschwindigkeit des technischen Wandels nimmt immer stärker zu – man denke nur an die ständigen Erneuerungen im Datenverarbeitungsbereich – und gleichzeitig wächst die internationale Verflechtung der Wirtschaft. Zusammenfassend bleibt festzustellen: Es liegt an jedem Einzelnen selbst, für den Arbeitsmarkt attraktiv zu bleiben, sich fortzubilden und nach neuen und anderen Aufgaben umzusehen. Neben einer realistischen Selbsteinschätzung bei der Stellensuche müssen ältere Bewerber vor allem lernen, mit den dynamischen Arbeitsmarktentwicklungen umzugehen und Schritt zu halten.

Vor der Stellensuche steht die Kündigung

Ein Patentrezept gegen Krisen im Berufsleben gibt es nicht. Jeder Angestellte kommt in seinem Arbeitsleben in solche Situationen, die schlimmstenfalls mit dem Verlust des Arbeitsplatzes enden, sei es, dass er selber kündigt, sei es, dass ihm vom Arbeitgeber gekündigt wird. Die Gründe dafür können vielfältig sein. Finanzielle Engpässe des Betriebes sind ebenso denkbar wie organisatorische und strukturelle Veränderungen, die bestimmte Arbeitsplätze plötzlich überflüssig werden lassen. Wenn eine Kündigung droht, ist das immer eine heikle Situation. In dieser Lage einen kühlen Kopf zu bewahren, ist schwierig, aber wichtig. Denn es gibt einiges zu beachten, damit Sie sich eine möglichst gute Ausgangsposition für einen Stellenwechsel verschaffen.

Alarmsignale rechtzeitig wahrnehmen

Kündigungen fallen nicht vom Himmel. Meistens sind die Signale, die Ihnen anzeigen, dass Ihr Arbeitsplatz in Gefahr ist, schon einige Zeit vorher deutlich wahrnehmbar. Es gibt einige typische Alarmsignale, die Sie hellhörig machen sollten:

- Gab oder gibt es in Ihrem Betrieb Umstrukturierungen? Werden Stellen abgebaut oder vakante Stellen nicht neu besetzt?
- Gab es einen Personalwechsel in der Führungsebene?
- Stehen Zweigwerke oder Tochtergesellschaften zum Verkauf oder steht eine Fusion an?

- Ist die finanzielle Lage des Arbeitgebers angespannt? Werden Rechnungen nur zögerlich bezahlt? Kommen die Gehaltsüberweisungen später als gewöhnlich?
- Sind Unternehmensberater im Haus, die Produktion und Verwaltung durchorganisieren sollen?
- Wird immer häufiger über einen Sozialplan für ältere Mitarbeiter gesprochen?
- Verhält sich der Vorgesetzte Ihnen gegenüber distanzierter. Gab es Abmahnungen?
- Wird Ihre Arbeit häufiger als früher kritisiert oder enthält man Ihnen im Kollegenkreis wichtige Informationen vor?

Wenn Sie einen oder mehrere dieser Anzeichen wahrnehmen, bedeutet das nicht zwangsläufig, dass sich eine Kündigung anbahnt. Dennoch sollten Sie nicht nur abwarten und darauf hoffen, dass die Lage sich von selbst wieder entspannt. Je früher Sie auf die Warnsignale reagieren, desto besser. Ergreifen Sie selbst die Initiative und sondieren Sie Ihre Marktchancen möglichst schon, wenn im Unternehmen die ersten Gerüchte aufkommen. Denn wenn Sie bereits arbeitslos sind, wirkt sich das erschwerend auf die Stellensuche aus.

Was bei der Kündigung zu beachten ist

Mit einer Kündigung konfrontiert zu werden ist immer ein schockierendes Erlebnis – selbst wenn Sie vielleicht schon damit gerechnet haben. Gefühlsregungen wie Enttäuschung, Niedergeschlagenheit, Versagensängste, vielleicht auch Wut, sind in dieser Situation völlig verständlich. Versuchen Sie, sich nicht in diesen Gefühlsstrudel hineinziehen zu lassen. Jetzt in Apathie zu verfallen und die Dinge schleifen zu lassen nach dem Motto „Ich kann sowieso nichts machen", das wäre falsch. Im Gegenteil: Überlegtes und schnelles Handeln ist das Gebot der Stunde. Denn ab dem Zeitpunkt der Zustellung bleiben Ihnen nur drei Wochen Zeit für einen eventuellen Einspruch. Haben Sie eine Kündigung erhalten, tun Sie am besten Folgendes:

Lassen Sie sich von qualifizierter Seite beraten. Bringen Sie zunächst in Erfahrung, ob die Kündigung rechtswirksam ist, z. B.: Wurden die Kündigungsfristen eingehalten? Liegen die genannten Kündigungsgründe auch tatsächlich vor? Wurde der Betriebsrat vorher gehört? Sie können sich mit diesen Fragen direkt an den Betriebsrat wenden. Sind Sie Mitglied einer Gewerkschaft, können Sie auch dort Rat und Hilfe bekommen. Kommen Sie bei der Überprüfung zu der Überzeugung, dass die Kündigung nicht begründet ist und oder Fehler enthält, können Sie die Einleitung rechtlicher Schritte erwägen. In diesem Fall sollten Sie unbedingt einen Anwalt zu Rate ziehen; am besten einen Fachmann für Arbeitsrecht.

Prüfen Sie, ob Sie eine Abfindung erhalten können. Ein gesetzlicher Anspruch auf Abfindung besteht nur bei einer betriebsbedingten Massenentlassung. In solchen Fällen erstellen Unternehmer und Betriebsrat gemeinsam einen Sozialplan, in dem die Abfindungshöhen für die Mitarbeiter festgeschrieben werden.
Häufig sind Abfindungen auch das Ergebnis eines Prozesses vor dem Arbeitsgericht: Einigt man sich auf die Auflösung des Arbeitsverhältnisses, zahlt das Unternehmen eine Abfindung für den Verlust des Arbeitsplatzes. Grundsätzlich haben Sie immer dann Aussicht auf eine Abfindung, wenn das Unternehmen keinen überzeugenden Kündigungsgrund nennen kann oder Kündigungsschutzbestimmungen umgehen möchte. Um ein vorzeitiges Ausscheiden zu erreichen, bieten Unternehmen speziell älteren Arbeitnehmern häufig eine Abfindung an, wenn diese im Gegenzug einen Aufhebungsvertrag unterschreiben und auf eine Kündigungsschutzklage verzichten.
Die Höhe der Abfindung kann sehr unterschiedlich ausfallen und ist verhandelbar. Bevor Sie einem attraktiv klingenden Betrag zustimmen, sollten Sie allerdings bedenken, dass das Finanzamt mitkassiert, zumal seit Januar 1999 die Steuerfreibeträge empfindlich gekürzt und die Steuersätze erhöht wurden. Lassen Sie sich auch hier unbedingt von einem Fachanwalt beraten!

Setzen Sie sich umgehend mit dem Arbeitsamt in Verbindung. Das Arbeitsamt kann Sie beraten und Vermittlungsbemühungen einleiten. Lassen Sie sich auch möglichst frühzeitig erklären, welche Unterlagen Sie für Ihren Antrag auf Arbeitslosengeld benötigen. Je eher Sie sich arbeitslos melden, desto eher erhalten Sie die ersten Zahlungen. Das Arbeitsamt bezahlt in der Regel ab dem ersten Tag der Arbeitslosigkeit. Beachten Sie:

Melden Sie sich verspätet arbeitslos, geht das zu Ihren Lasten, denn finanzielle Hilfen gibt es frühestens ab dem Tag Ihrer Meldung.

Die Alternative zur Kündigung: der Aufhebungsvertrag

Möglicherweise bietet der Arbeitgeber Ihnen einen Aufhebungsvertrag an. Darin erklären sich beide Vertragsparteien einvernehmlich mit der Auflösung des Arbeitsverhältnisses einverstanden und einigen sich außergerichtlich über die Konditionen der Kündigung.

Aufhebungsverträge sind besonders bei Arbeitgebern gerne gesehen. Denn der Aufhebungsvertrag erspart ihnen eine Menge Ungelegenheiten: Er unterliegt nicht der Mitbestimmung durch den Betriebsrat und ist nicht an besondere Kündigungsschutzbestimmungen gebunden. Häufig kommt so ein Angebot von einem Chef, der betriebsbedingt Personal abbauen will, aber nicht die jüngsten und am kürzesten Beschäftigten entlassen will, wie es die so genannte Sozialauswahl vorschreibt. Der Vorteil für Sie: Es besteht in so einem Fall eine gute Chance, dass der Arbeitgeber auch Ihren Ansprüchen wohlwollend begegnet und eventuell bereit ist, Ihnen mit der Zahlung einer stattlichen Abfindung entgegenzukommen. Von Ihrem Verhandlungsgeschick hängt es ab, möglichst günstige Konditionen zu erzielen.

Lassen Sie sich unbedingt von einem Arbeitsrechtsspezialisten beraten. Er kann Sie auch bei der für Sie vorteilhaftesten Formulierung des Aufhebungsvertrages beraten.

Andernfalls kann es passieren, dass das Arbeitsamt den Vertrag wie eine Eigenkündigung des Angestellten bewertet und eine dreimonatige Sperrfrist verhängt! Auch die Kündigungsfristen, die sich aus dem Arbeitsvertrag ergeben, müssen berücksichtigt werden, da das Arbeitslosengeld ansonsten um den Betrag gekürzt wird, den der Arbeitnehmer während der Dauer der regulären Kündigungsfrist verdient hätte.

Sprechen Sie mit dem Fachmann das Für und Wider eines Aufhebungsvertrages durch und prüfen Sie, ob Sie sich im Hinblick auf den damit verbundenen Verlust des Arbeitsplatzes nicht in eine eher ungünstige Position begeben. Das gilt besonders für den Fall, dass eine Kündigungsschutzklage erfolgversprechend wäre.

Das sollte ein Aufhebungsvertrag enthalten

- genaues Datum des Vertragsendes (wichtig für die Kündigungsfrist und für das Arbeitslosengeld)
- Aufhebung des Arbeitsvertrages in gegenseitigem Einvernehmen, um eine betriebsbedingte Kündigung zu umgehen (wichtig, um die Sperre des Arbeitslosengeldes zu vermeiden)
- Regelungen zur Abfindung, die ausschließlich für den Verlust des Arbeitsplatzes gezahlt wird (wichtig, um steuerrechtliche Probleme mit dem Finanzamt zu vermeiden)
- bestehende finanzielle Ansprüche auf Urlaubs- und Weihnachtsgeld sowie evtl. Erfolgsbeteiligungen und Überstundenabgeltung
- Modalitäten zu Aufgabe und/oder Übergabe von Dienstwagen und -wohnung
- Frist für ein Wettbewerbsverbot nach Vertragsende (möglichst nur den durch die Abfindung gedeckten Zeitraum akzeptieren)
- Anspruch des Arbeitnehmers auf ein wohlwollendes qualifiziertes Arbeitszeugnis
- Erklärung des Arbeitgebers, keine nachteiligen Auskünfte über den Mitarbeiter an Dritte zu erteilen
- Höhe und Beginn der betrieblichen Altersversorgung

Ihr derzeitiger Arbeitgeber kann viel für Sie tun

Es ist auf jeden Fall von Vorteil für Sie, wenn Sie Ihr Ausscheiden aus dem Betrieb durch eine gütliche Einigung erzielen können. Dann ist Ihr Arbeitgeber eventuell bereit, Sie bei Ihrer Arbeitsuche zu unterstützen. Die meisten Chefs verfügen über gute Kontakte in der Branche und erfahren auch schon einmal von vakanten Stellen, bevor diese auf dem Stellenmarkt öffentlich ausgeschrieben werden.

Vielleicht nennt Ihr Chef Ihnen ja nicht nur bestehende Kontakte, sondern unterstützt Sie unter Umständen sogar durch Empfehlungen oder Referenzen bei Ihrer Bewerbung.

UNSER TIPP

Auch nach der Kündigung sollten Sie Ihre Arbeit mit Sorgfalt und Loyalität erfüllen. Hüten Sie sich, ganz gleich aus welchen Gründen Sie gekündigt wurden, vor überstürzten Handlungen. Unkollegiales Verhalten oder schlechte Arbeit machen einen schlechten Eindruck und können sich schnell in der Branche herumsprechen. Sie riskieren auch, dass Ihr Zeugnis nicht so wohlwollend ausfällt, wie Sie es sich gewünscht hätten.

Unterstützung bei der Arbeitssuche: Outplacement-Beratung Manche Arbeitgeber bieten von sich aus an, die Dienste eines Outplacement-Beraters zu bezahlen, die den Arbeitnehmer bei der Suche nach einem neuen Arbeitsplatz beraten können. Nicht ganz zu Unrecht betrachten viele Arbeitnehmer dieses Wortgebilde zunächst mit Argwohn; denn es bedeutet, dass man Sie loswerden will: hinausplatzieren. Doch ist Outplacement-Beratung, wenn sie von einem seriösen Berater durchgeführt wird, inzwischen als gängiges Instrument der Personalentwicklung anerkannt. Die Betroffenen werden von dem Outplacement-Berater kostenlos betreut, bis sie eine neue Stelle gefunden haben. Eine solche Beratung kann gerade für ältere Arbeitnehmer auch, die sich schon lange nicht mehr um eine Position bemüht haben, sehr hilfreich sein.

In der Outplacement-Beratung lernt der Arbeitnehmer auch, seine Stärken und Schwächen zu erkennen und realistische berufliche Perspektiven zu entwickeln. Gemeinsam werden Bewerbungsstrategien festgelegt, Bewerbungsunterlagen zusammengestellt und schließlich die Stellenangebote geprüft.

Das qualifizierte Zeugnis Mit einem aussagefähigen, guten Zeugnis kann der Noch-Arbeitgeber Ihnen ebenfalls die Suche nach einem neuen Arbeitsplatz sehr erleichtern. Zwar zeigt die Tendenz, dass Unternehmen den Zeugnissen für die Einstellung eines Kandidaten keinen allzu hohen Wert mehr beimessen, aber als Vorauswahlkriterium haben gute Arbeitszeugnisse in der Praxis immer noch Bedeutung. Aus den verschlüsselten Zeugnis-Codes kann der künftige Arbeitgeber eine erste Einschätzung der beruflichen und charakterlichen Qualifikationen des Bewerbers erhalten. Falls Sie mit dem Zeugnisinhalt nicht einverstanden sind, können Sie innerhalb von drei Monaten Widerspruch einlegen.

Es ist jedoch gar nicht so einfach, den verschlüsselten Sinn eines Zeugnisses zwischen den Zeilen zu lesen. Wichtig ist z. B. die Bewertung Ihrer Leistung, die häufig mit folgenden Formulierungen beschrieben wird:

sehr gute Leistung:	... stets zu unserer vollsten Zufriedenheit ...
gute Leistung:	... stets zu unserer vollen Zufriedenheit ...
befriedigende Leistung:	... zu unserer vollen Zufriedenheit ...
ausreichende Leistung:	... zu unserer Zufriedenheit ...
mangelhafte Leistung:	... im Großen und Ganzen zu unserer Zufriedenheit
ungenügende Leistung:	... hat sich bemüht, ... zu unserer Zufriedenheit zu erledigen.

Wie dieses Beispiel zeigt, verbirgt sich der Aussagewert der Zeugnissprache häufig im Detail. Nur die „volle" und „vollste" Zufriedenheit stehen hier wirklich für eine gute Leistung. Besondere Bedeutung haben jeweils die kleinen Zusatzworte wie „in jeder Hinsicht", „stets", „jederzeit", die immer dann zur Anwendung kommen, wenn etwas auch tatsächlich als gut bewertet wird. Zusätze wie „im Allgemeinen", „meistens" oder „im Großen und Ganzen" oder „bemüht" haben hingegen eine Abwertung der beschriebenen Arbeitsleistung zum Inhalt.

Fünf Empfehlungen für den Beginn Ihrer Stellensuche

Nur wer von sich selbst überzeugt ist, kann andere überzeugen. Anders ausgedrückt: Eine positive Grundeinstellung ist eine wichtige Voraussetzung für Ihre Stellensuche. Sicherlich haben Sie es als älterer Bewerber schwerer, einen Arbeitsplatz zu finden. Doch mit dieser Haltung kommen Sie nicht weiter. Wenn Sie eine negative Einstellung zu Ihrer Arbeitsuche haben, ist es nur umso notwendiger, Optimismus im Hinblick auf den künftigen Erfolg zu entwickeln.

***1.** Pflegen Sie Ihr Selbstwertgefühl*

Sie werden es brauchen. Ein *gutes Selbstwertgefühl ist eine Kraftquelle,* die in erheblichem Maß über Erfolg und Misserfolg entscheidet. Viele, gerade ältere Bewerber leiden grundlos an einem schwachen Selbstwertgefühl, getragen von dem Bewusstsein, auf dem Arbeitsmarkt nicht erwünscht und gebraucht zu sein. Denken Sie daran: Nicht Sie, nicht Ihr Alter, sondern der schrumpfende Arbeitsmarkt ist das Problem. Lassen Sie sich von kompetenten Beratern bei der Arbeitssuche unterstützen (siehe Seiten 19, 22). Sie sollten sich nicht scheuen, die Hilfe eines Psychologen in Anspruch zu nehmen, wenn Sie merken, dass Sie in ein dauerhaftes seelisches Tief zu rutschen drohen. Auch Volkshochschulen, Erwachsenenbildungsstätten bieten Kurse zur Stärkung des Selbstwertgefühls an.

***2.** Suchen Sie Rückhalt bei Familie und Freunden*

Wenn Sie mit anderen Menschen über Ihre Situation, Ihre Ängste und Vorstellungen reden können, dann ist das eine gute Voraussetzung für Ihre Stellensuche. Es ist vor allem wichtig, dass Ihre Familie hinter Ihnen steht und Sie bei der Arbeitssuche unterstützt. Bedenken Sie auch: Es geht zwar um Sie, um Ihr Berufsleben, aber Ihre Familie ist genauso davon betroffen, wenn Sie demnächst arbeitslos werden oder die neue Stelle einen Umzug erfordert. Besprechen Sie deshalb mit Ihrer Familie die Situation, beantworten Sie alle Fragen und schildern Sie klar, was Sie wollen. Zeigen Sie Verständnis für die Zweifel der Familienmitglieder, erst dann können Sie selbst mit dem nötigen Verständnis rechnen.

***3.** Regeln Sie Ihre Finanzen*

Bei einem Wechsel des Arbeitsplatzes spielt Geld ein große Rolle. Falls Sie arbeitslos werden, erhalten Sie für einen unbestimmten Zeitraum erheblich weniger Geld als bisher und Sie können auch nicht absehen, wie hoch das Gehalt in einer neuen Stelle sein wird. Es ist daher sinnvoll und notwendig, die Ausgaben zu reduzieren. Unterziehen Sie die Finanzlage einer *gründlichen Prüfung:* Wie hoch ist Ihr Familieneinkommen eigentlich? Stellen Sie eine detaillierte Rechnung Ihrer Einnahmen auf (Arbeitslosengeld, Einkünfte aus Nebenerwerb, Vermietung und Verpachtung, Einkünfte des Partners) und kontrollieren Sie die Ausgaben anhand der Kontoauszüge. Machen Sie anschließend eine zweite Liste, in der Sie die feststehenden Ausgaben auflisten: Miete, Versicherungen, Ratenverträge, Unterhaltsverpflichtungen usw. Wenn Sie Einnahmen und Ausgaben gegenüberstellen, wie viel bleibt Ihnen dann zukünftig noch für Lebensmittel, Haushaltswaren, Kleidung, Benzin usw.? An welchen Stellen könnte gespart werden? Besprechen Sie diese Fragen gemeinsam in einer „Familienkonferenz".

UNSER TIPP

Wenn Ihnen bezüglich der eigenen Ausgaben der detaillierte Überblick fehlt, kann es sinnvoll sein, eine Zeit lang diszipliniert ein Haushaltsbuch zu führen, in dem Sie alle Ausgaben verzeichnen.

4. *Werden Sie aktiv*

Sie sind beim Arbeitsamt gewesen, schauen jeden Samstag pflichtbewusst in den Stellenteil der Zeitung und warten, bis etwas geschieht? Sie wissen es sicher schon: *Von selbst geschieht gar nichts.* Sie finden nicht einfach so eine neue Position. Sie müssen etwas dafür tun. *Jobsuche ist harte Arbeit,* die Zeit und Aktivität erfordert. Falls Sie arbeitslos sind: Erklären Sie Ihre Jobsuche zu Ihrer neuen Arbeit, die Sie ab jetzt aktiv betreiben. Setzen Sie sich Ziele, stimmen Sie Ihre Bewerbungsunterlagen auf den jeweiligen Empfänger ab, informieren Sie sich. Aktivieren Sie alte und knüpfen Sie neue Kontakte.

5. *Haben Sie den Mut zum ersten Schritt*

Viele ältere Arbeitnehmer, die sich seit langer Zeit wieder bewerben müssen, empfinden eine Kündigung und die Arbeitslosigkeit als Makel und haben große Scheu, in Firmen nachzufragen, Personalverantwortliche anzusprechen und mit Ihnen Termine abzustimmen. Machen Sie sich klar, wovor Sie eigentlich Angst haben. Meist ist es nicht der Anruf in einer Firma, sondern die Reaktion der anderen, die Angst vor Ablehnung, vor dem Misserfolg. Das einzige Mittel, das hilft, ist die Begegnung mit anderen zu üben, *bewusst Menschen anzusprechen,* mit ihnen über die Arbeitssuche zu reden, Telefonaktionen zu starten. Fangen Sie an!

Der zweite Schritt: Entwickeln Sie Ihr Profil

Auswertung Ihres Berufslebens: Was können Sie bieten?

Die Stellensuche ist eine komplexe und arbeitsintensive Aufgabe, die zunächst eine gründliche Auseinandersetzung mit sich selbst erfordert. „Habe ich nicht nötig. Ich bin seit so vielen Jahren im Beruf und weiß genau worauf es ankommt", so denken viele Arbeitnehmer. Vor allem dann, wenn sie auf vorzeigbare berufliche Erfolge verweisen können. Vielleicht klingt das beim ersten Hinhören sogar selbstbewusst. Tatsächlich können jedoch die wenigsten Menschen auf Anhieb ein genaues Bild ihrer Kenntnisse, Fähigkeiten und Eigenschaften geben. Gerade weil Sie schon längere Zeit im Beruf stehen, ist es notwendig, eine umfassende Bilanz zu ziehen, die als Grundlage für eine Neuorientierung dienen kann: Was habe ich bisher erreicht? Wo sind meine fachlichen, beruflichen und persönlichen Stärken? Was macht mir wirklich Freude? Was möchte ich in Zukunft noch erreichen?

Das sind die Fragen, mit denen Sie sich intensiv beschäftigen sollten. Auf diese Weise entdecken Sie vielleicht noch ganz andere, überraschende Alternativen für Ihre berufliche Zukunft.

Jedenfalls gilt: Nur wenn Sie genau wissen, was Sie anzubieten haben, sind Sie in der Lage, sich überzeugend zu präsentieren und Ihren zukünftigen Arbeitgeber für sich zu gewinnen. Darin liegt Ihre Chance und der Schlüssel zum Erfolg. Personalchefs wollen überzeugt werden. Sie wünschen sich fähige und engagierte Mitarbeiter, die ihre Arbeit im Griff haben und sich mit entsprechendem Erfolg ins Unternehmen einbringen. Das möchten und müssen sie bereits im Bewerbungsschreiben und im persönlichen Gespräch erkennen können. Und das klappt nur, wenn Sie sich systematisch vorbereitet haben.

Berufliche Erfahrungen: das Plus der Älteren

Während Personalverantwortliche junge Mitarbeiter vor allem nach der Ausbildung und der zu erwartenden Leistung beurteilen, sind bei Ihnen als älterer Bewerber die *Fachkompetenz* und die *berufliche Praxis* für eine Einstellung entscheidend. Es ist daher besonders wichtig, dass Sie über Ihre Berufserfahrungen detailliert Bescheid wissen. Denn in diesem Punkt sind Sie den jüngeren Konkurrenten voraus!

Verschaffen Sie sich einen umfassenden Überblick darüber, welche Qualifikationen Sie sich bis zum gegenwärtigen Zeitpunkt angeeignet haben. Dazu machen Sie am besten eine schriftliche Bestandsaufnahme anhand der folgenden Fragen.

- Welche beruflichen Erfahrungen haben Sie bereits gesammelt. Wo lagen Ihre Schwerpunkte? Listen Sie alle beruflichen Stationen auf und dokumentieren Sie sie möglichst mit Zeugnissen.
- Welche Tätigkeiten haben Sie ausgeführt? Welches waren die wichtigsten Aufgabenbereiche?
- Welche Fähigkeiten haben Sie dabei erlangt? (z. B. Kostenbewusstsein, Arbeitsorganisation, Qualitätsbewusstsein) Wie sind Sie Probleme angegangen bzw. haben Sie gelöst?
- Was haben Sie in Ihrem beruflichen Leben erreicht? *Welche Erfolge haben Sie erzielt?*

Die Frage „Welche Erfolge haben Sie erzielt?" hat einen besonders hohen Stellenwert: Bisherige Erfolge spiegeln nicht nur Ihre beruflichen Fähigkeiten wider, sondern sind meist auch der Schlüssel zu weiteren Erfolgen und daher geeignet, das Interesse des potenziellen Arbeitgebers für Sie zu wecken.

Was aber ist Erfolg, fragen Sie jetzt vielleicht. Was soll jemand auf diese Frage antworten, der nicht auf eine steile Karriere verweisen kann? Die Antwort ist so schlicht wie einsichtig: Von Erfolg kann man immer dann sprechen, wenn jemand in seinem Beruf wirklich Spitze ist, wenn er Überdurchschnittliches leistet und besser ist als andere seines Fachs. Überlegen Sie mal: Wo haben Sie Ihr Können ausgespielt und eine besondere Leistung erbracht?

Folgende Fragen können Ihnen helfen, Ihren beruflichen Erfolgen auf die Spur zu kommen:

- Haben Sie durch eine bestimmte Leistung den Umsatz verbessert?
- Haben Sie sich mit einer Idee, trotz der Vorbehalte des Vorgesetzten, durchgesetzt und damit Erfolg gehabt?
- Haben Sie ein Produkt entwickelt oder zu seiner Entwicklung beigetragen, das sich gut verkaufen lässt?
- Haben Sie einen neuen, wichtigen Kunden gewinnen können?
- Haben Sie Verbesserungsvorschläge gemacht, die zu effizienteren Arbeitsabläufen oder Einsparungen geführt haben?
- Haben Sie ein Projekt trotz widriger Umstände zu einem erfolgreichen Ende geführt?

Fragen Sie sich auch:

- Wo sehen Sie Ihre ganz besonderen persönlichen Stärken?
- In welchen fachlichen Bereichen können Sie einem Arbeitgeber Außergewöhnliches bieten?

Die Bedeutung von Branchen- und Spezialkenntnissen

Mit steigendem Alter und Position wächst neben der Berufserfahrung auch die Bedeutung von Expertenwissen. Mitarbeiter, die über spezielles fachliches Know-how verfügen oder sich in einer Branche besonders gut auskennen, sind gefragt. Spezialwissen kann dazu beitragen, dass man sich dafür entscheidet, Sie einzustellen. Analysieren Sie daher gründlich, welche Kenntnisse Sie während des Berufslebens erworben haben. Prüfen Sie auch kritisch, ob Sie eher zu den Spezialisten mit einem fundierten Wissen in einem bestimmten Fachgebiet gehören oder zu den Generalisten mit einem soliden Grundwissen in vielen verschiedenen Bereichen.

Beantworten Sie für sich folgende Fragen:

- In welchen Branchen waren Sie bisher tätig?
- Mit welchen Themen/Fachgebieten haben Sie sich besonders intensiv auseinander gesetzt?
- Welches Spezialwissen haben Sie sich angeeignet?
- Haben Sie auch durch Weiterbildungsmaßnahmen oder Ergänzungsstudiengänge zusätzliche Kenntnisse erworben?

Fragen Sie sich auch:

- Welche Bereiche haben Ihnen besonders Spaß gemacht?
- Möchten Sie sich lieber einer Sache intensiv widmen oder suchen Sie eher eine abwechslungsreiche Tätigkeit?

Außerberufliche Fähigkeiten

Auch Tätigkeiten außerhalb Ihrer Berufstätigkeit können Sie in Ihre Betrachtung mit einbeziehen und auf Ihrer Liste notieren.
Egal, ob Sie in einem Gesangverein Verantwortung tragen, sportliche Wettbewerbe gewonnen haben oder sich in Ihrer Freizeit intensiv mit ökologischen Fragen beschäftigen – auch das sind Tätigkeiten, die besondere Fähigkeiten und Kenntnisse erkennen lassen, die vielleicht von Ihrem zukünftigen Arbeitgeber gerne gesehen werden (z. B. Vereinsvorsitzender: Führungserfahrung; Mannschaftssport: Teamgeist).
Möglicherweise können Sie gerade durch eine besonders ausgeprägte Neigung Ihre Eignung für eine branchenfremde Tätigkeit zeigen. Oder haben Sie sogar ein Hobby, das Sie liebend gerne zum Beruf machen würden (siehe Seite 36)?

Mobilität

Viele Unternehmen mit mehreren Niederlassungen oder international tätige Firmen mit Kunden im Ausland erwarten von ihren qualifizierten Mitarbeitern Mobilität. Beispielsweise ist die Bereitschaft zu Reisetätigkeit häufig ein wichtiges Qualifikationskriterium. Sie wird auch als ein Zeichen für die innere Beweglichkeit des Bewerbers gewertet, für dessen Bereitschaft, sich auf neue Situationen einzustellen und auch einmal über den eigenen Zaun zu schauen. Sie müssen sich darüber im Klaren sein: Wer schon im Vorfeld häufige Geschäftsreisen ablehnt, verringert seine Einstellungschancen erheblich.
Haben Sie sich schon mit dem Gedanken befasst, dass Sie eventuell umziehen müssen? Besonders Fach- und Führungskräfte finden nur selten in der unmittelbaren Umgebung eine passende Alternative zum bisherigen Arbeitsplatz. Deshalb sollten Sie einen Ortswechsel zumindest einkalkulieren und sich innerlich auf alle damit verbundenen Änderungen einstellen: Umzugskosten werden anfallen, das Haus muss verkauft oder vermietet, ein neues Heim gefunden werden, ein Schulwechsel für die Kinder wird nötig, der Partner muss sich eine neue Arbeit suchen, darüber hinaus müssen Sie sich einen neuen Bekanntenkreis aufbauen …
Spätestens im Bewerbungsgespräch wird man Sie auch mit diesem Thema konfrontieren. Sie sollten dann in der Lage sein, auch hierüber klare Aussagen zu treffen.

Bereitschaft zur Weiterbildung

Tiefgreifende Veränderungen in Technik und Arbeitsorganisation machen die Bereitschaft zu lebenslangem Lernen erforderlich. Von einem qualifizierten Mitarbeiter wird heutzutage erwartet, dass er sich aktiv darum bemüht, seine Kenntnisse und Fähigkeiten zu erweitern. Auch mit 40 oder 50 Jahren befinden Sie sich nicht in einer weiterbildungsfreien Zone nach dem Motto „Wozu soll ich mich noch weiterbilden, ich gehe doch sowieso bald in Rente". Wer so denkt, disqualifiziert sich selber als „zu alt". Wenn Sie jahre- oder jahrzehntelang an einer Arbeitsstelle ihren festen, immer gleichen Aufgabenbereich bearbeitet haben, werden Sie vermutlich mit Blick auf die Stellenanzeigen feststellen, dass Ihnen wichtige Kenntnisse fehlen oder dass Sie fachlich nicht mehr auf dem neuesten Stand sind. Sie werden sich dann schwer tun, eine neue Stelle zu finden, wenn Sie nicht zumindest Lernbereitschaft signalisieren. Prüfen Sie daher kritisch:

- Verlangt Ihr Beruf inzwischen neue oder höhere Qualifikationen?
- Welches Fachwissen könnte Ihnen nutzen, um mit der Entwicklung Schritt zu halten?
- Was können Sie konkret unternehmen, um sich fehlende Fachkenntnisse anzueignen?
- Verfügen Sie über ausreichende Sprachkenntnisse?
- Kennen Sie die für Ihren Bereich wichtigsten Computerprogramme und können Sie damit umgehen?

Der letzte Punkt ist besonders wichtig, denn kaum ein Arbeitsplatz kommt heute noch ohne Bildschirm aus. Wenn Sie unter grundsätzlichen Berührungsängsten mit moderner Technik leiden, sollten Sie eine professionelle Einweisung im Rahmen einer Schulung erwägen. Sie lernen dort die wichtigsten Funktionen und werden an die Arbeitsweise des Computers herangeführt. Dazu können Sie sich bei Volkshochschulen und privaten Bildungsstätten erkundigen. Weitere Anbieter finden Sie in der Presse oder in den Gelben Seiten.

Warten Sie nicht, bis Ihnen irgend jemand, zum Beispiel das Arbeitsamt, ein Weiterbildungs- oder Umschulungsangebot sozusagen auf dem Tablett serviert. Ergreifen Sie die Initiative und eignen Sie sich fehlende Kenntnisse an. Auf diese Weise können Sie Ihre Chancen auf dem Arbeitsmarkt erheblich verbessern, wie das folgende Beispiel zeigt:

EIN BEISPIEL

Nach dem Realschulabschluss absolvierte der heute 55-jährige Angestellte eine Lehre zum Maschinensetzer, damals ein zukunftsträchtiger Beruf. Die Einführung von Fotosatz und die Flaute im Druckgewerbe führten dazu, dass er 1985 seine Stelle verlor. Der Setzer machte aus der Not eine Tugend und lernte Fotosetzer, um beruflich wieder eine Zukunft zu haben. Die Weiterbildungsmaßnahme wurde vom Arbeitsamt gefördert. Heute hat er wieder einen Arbeitsplatz.

Ein weiterer Vorteil einer Weiterbildung: Etwas zu lernen, schafft neues Selbstbewusstsein. Und es ist sicherlich sinnvoller, einen Computerkurs zu besuchen oder eine Managementschulung zu absolvieren als abends vor dem Fernseher zu sitzen.

Persönlichkeit gefragt: Haben Sie soziale Kompetenz?

Nicht allein die fachliche Qualifikation, auch die Persönlichkeit der Mitarbeiter und ihr Geschick im Umgang mit Kollegen und Kunden spielt bei der Einstellungsentscheidung eine große Rolle. Generell gehören größere Ausdauer und geringere Sprunghaftigkeit und die durch die Erfahrung gestützte Gelassenheit und Urteilsfähigkeit auch in Entscheidungs- und Konfliktsituationen zu den persönlichen Fähigkeiten, die Ältere den Jüngeren oftmals voraus haben. Auch die folgenden Merkmale werden älteren Arbeitnehmern in erhöhtem Maße zugeschrieben:

- Übersicht, Besonnenheit
- Vertrauen in die eigene Leistung
- Zuverlässigkeit
- Kompromissfähigkeit
- Qualitätsbewusstsein
- Positive Arbeitsmoral
- Ausgeglichenheit und Beständigkeit
- soziale Kompetenzen im Umgang mit Kollegen und Kunden

Versuchen Sie, anhand einer ehrlichen und realistischen Selbstbefragung herauszufinden, welche besonderen Stärken Sie ins Feld führen können, um

Ihre berufliche Leistungsfähigkeit zu unterstreichen. Gehen Sie dazu in Gedanken doch einmal verschiedene berufliche Situationen durch und versuchen Sie sich zu vergegenwärtigen, welche persönlichen Fähigkeiten Sie sich angeeignet haben. Notieren Sie sich einige Schlüsselsituationen. Sie sind dann gewappnet, falls man Sie im Vorstellungsgespräch z. B. konkret fragt, was Sie unter positiver Arbeitsmoral verstehen oder in welcher Situation Sie sich im Umgang mit Kunden bewährt haben.

Kleine Änderungen oder großer Neubeginn: Wo und wie können Sie künftig arbeiten?

Mindestens ebenso wichtig wie eine fundierte Bestandsaufnahme der eigenen Stärken und Fähigkeiten ist die Frage: Was sind Ihre beruflichen Ziele? Vielleicht meinen Sie genau zu wissen, wonach Sie suchen und können sich nach jahrelanger Arbeit für ein Unternehmen keine grundlegenden Veränderungen mehr für sich vorstellen. Sicher haben Sie Recht, wenn Sie sagen, dass Ihnen nicht mehr alle Möglichkeiten offen stehen. Sie sind ja schließlich kein Berufsanfänger mehr und viele Weichen sind bereits gestellt.

Doch auch wenn Sie von Ihrer jetzigen Ausgangsposition nach vorn blicken, können sich zahlreiche Alternativen ergeben. Es ist beispielsweise nicht vernünftig, nur eine Branche oder nur einen Standort für die Stellensuche zu betrachten. Es engt die Möglichkeiten unnötig ein und darüber hinaus verschließen Sie sich für andere Chancen. Befassen Sie sich bereits zu Beginn Ihrer Stellensuche mit dem Gedanken, dass eventuell Veränderungen auf Sie zukommen werden. Die Alternativen lauten im Prinzip: Den eingeschlagenen Weg beibehalten, die Schwerpunkte verlagern oder die Weichen ganz neu stellen. Möglicherweise besteht die optimale Lösung in einem Tätigkeitswechsel innerhalb der angestammten Branche oder vielleicht eignen Sie sich auch zum Unternehmer und sollten sich selbstständig machen.

In diesem Kapitel lernen Sie verschiedene Möglichkeiten und Alternativen kennen. Wenn Sie lesen, fragen Sie sich: „Wäre das auch eine Möglichkeit für mich?" Sagen Sie nicht „Das kommt nicht infrage", sondern ziehen Sie ganz bewusst auch Möglichkeiten in Betracht, die Sie spontan vielleicht ablehnen möchten.

UNSER TIPP

Gewöhnen Sie sich an, Ihre eigene Marktforschung zu betreiben. Nehmen Sie sich die Zeit und durchforsten Sie Zeitungen und Fachzeitschriften und versuchen Sie herauszufinden, wie und in welcher Weise Ihre Arbeitskraft für einen Arbeitgeber von Nutzen sein kann. Setzen Sie es sich zum Ziel, möglichst viele verschiedene berufliche Tätigkeitsfelder ausfindig zu machen, die Sie ausfüllen könnten.

Um eine erfolgreiche Bewerbungsstrategie zu entwickeln, müssen Sie alle Möglichkeiten – auch die zunächst abwegig erscheinenden – kennen. Seien Sie realistisch, aber zeigen Sie sich auch aufgeschlossen gegenüber neuen Wegen. Erst dann können Sie entscheiden, welcher Weg gerade für Sie der richtige ist.

Weg Nummer eins: der Stellenwechsel

Bei Ihrer Stellensuche werden Sie ganz automatisch zunächst von Ihrer bisherigen Tätigkeit ausgehen, zumal wenn Sie sich in Ihrem Beruf und der Branche wohl fühlen. Wenn Sie außerdem auf berufliche Erfolge zurückblicken können und über ganz spezielle Fachkenntnisse und Erfahrungen verfügen, die auf dem Arbeitsmarkt gefragt sind, haben Sie als Bewerber über 40 vermutlich die besten Aussichten, wenn Sie versuchen, eine ähnliche Position in einer anderen Firma zu finden. Richten Sie Ihr Augenmerk dabei nicht nur auf Großunternehmen, denn in Folge von Outsourcing und Lean-Production werden gerade im Mittelstand Fachkräfte benötigt. Ältere Mitarbeiter mit entsprechendem Know-how haben hier eher eine Chance, wenn es ihnen gelingt, persönlich zu überzeugen.

Anders stellt sich die Ausgangsposition dar, wenn „Ihre" Branche zur Zeit auf dem Markt nicht gut dasteht und auch die Zukunftsaussichten zu wünschen übrig lassen. Die Chancen einer Einstellung in Branchen, die Mitarbeiter freisetzen, sind für ältere Arbeitnehmer ohnehin gering. Sie riskieren außerdem, bei der nächsten Entlassungswelle gleich wieder zu den

Gekündigten zu gehören. In diesem Fall sollten Sie wirklich ernsthaft über einen Umstieg nachdenken.

Weg Nummer zwei: eine andere Branche

Überlegen Sie sich, ob Sie Ihre Erfahrungen und Ihr Know-how nicht auch in den anderen Branchen nutzbringend einsetzen können. Warum sollten Sie als Vertriebsfachkraft Ihr Verkaufstalent, das Sie bisher vielleicht in der Kosmetikbranche eingesetzt haben, nicht auf ein anderes Produkt auf einem sich entwickelnden Markt übertragen?

EIN BEISPIEL

Als der 48-jährige Tischlermeister Hans K. arbeitslos wurde, musste er feststellen, dass die Aussichten für eine neue Anstellung schlecht waren. Nach knapp zwei Jahren Arbeitslosigkeit hatte er den Mut und die Kraft, sich beruflich umzuorientieren. Er bewarb sich bei einer großen Baumarktkette. Seine umfangreichen Produktkenntnisse konnte er in der Holzabteilung einbringen, wo er nun den Kunden die Ware zuschneidet und sie kompetent berät.

Es ist jedoch notwendig, dass Sie sich darüber informieren, ob Ihre Kenntnisse in ausreichendem Maße auf andere Bereiche übertragbar sind. Auch sollten Sie sich davon überzeugen, dass Sie Geschäftsfelder auswählen, die zukunftsträchtig sind. Dazu gehören beispielsweise

- der Freizeitsektor
- die Informationstechnologie und Neue Medien oder
- die Unternehmensberaterbranche.

Wenn Sie regelmäßig die Wirtschaftsnachrichten und den Stellenteil der großen Tageszeitungen verfolgen, können Sie leicht in Erfahrung bringen, welche Branchen sich im Aufwind befinden und wo Arbeitskräfte gesucht werden.

Oft bieten boomende Branchen traditionellen Berufen neue Chancen. Auch im digitalen Zeitalter wird eine Filmproduktion nicht auf qualifizierte Kräfte beispielsweise für Maske (Friseurinnen, Kosmetikerinnen) und Kostüm (Schneiderinnen) verzichten können. Selbst vom Aussterben bedrohte Handwerke und von starken Konjunkturschwankungen betroffene Berufe der Baubranche können in solchen Nischen wieder aufblühen. Und schließlich wird keine Filmgeschäftsführung auf eine erfahrene, mit den unterschiedlichsten Anforderungen vertraute Buchhalterin verzichten.

UNSER TIPP

Bei der Orientierung über die Lage am Arbeitsmarkt hilft die Broschüre „T.I.S. Trends im Stellenmarkt“ der DEKRA Akademie Stuttgart, die Sie vierteljährlich kostenlos beziehen können bei: W. Bertelsmann Verlag, Postfach 10 06 33, 33506 Bielefeld, Tel.: (05 21) 9 11 01-0, Fax: (05 21) 9 11 01 79.

Weg Nummer drei: eine andere Tätigkeit

Eine Neuorientierung könnten Sie erwägen, wenn Sie nach genauer Prüfung zu dem Schluss kommen, dass Sie in Ihrem jetzigen Tätigkeitsbereich wenig Chancen auf dem Arbeitsmarkt haben. Sei es, dass Ihr Aufgabengebiet inzwischen weitgehend von Maschinen übernommen wird, sei es, dass es ein Überangebot an Arbeitskräften in Ihrem Bereich gibt oder dass Sie sich einfach mit Ihrer bisherigen Situation unzufrieden gefühlt haben: Versuchen Sie herauszufinden, ob Sie mit Ihren speziellen Fähigkeiten vielleicht auch für ganz andere Aufgaben geeignet sind. Wenn Sie bisher im Bereich Marketing gearbeitet haben und wissen, dass Ihre Stärke darin besteht, auf andere zuzugehen und Kontakte herzustellen, warum sollten Sie es nicht beispielsweise mit einer Berater- oder Maklertätigkeit versuchen?

EIN BEISPIEL

Herbert S., 51-jähriger studierter Betriebswirtschaftler, begann seine berufliche Laufbahn als Trainee bei Henkel und arbeitete später viele Jahre als Geschäftsführer in der Elektroindustrie. Mit 45 kam er an einen Punkt, wo er seinen Job perfekt beherrschte und kaum noch neue Herausforderungen fand. Er wechselte als Managing-Partner zu einer internationalen Unternehmensberatung. Seine Aufgabe besteht heute in der Besetzung von Führungspositionen in Handel und Industrie.

Weg Nummer vier: etwas ganz anderes machen

Wenn Sie sich mit Ihren Möglichkeiten befassen, sollten Sie eine weitere Frage nicht außer Acht lassen: Was würde Ihnen so richtig Spaß machen? Möglicherweise haben Sie bisher einen Beruf ausgeübt, der Ihnen nur wenig Freude bereitet hat, dann wäre jetzt eine Chance, eine Arbeit zu suchen, die Sie als befriedigend empfinden. Denken Sie auch über Ihre Hobbys nach. Haben Sie besondere Interessen, mit denen man Geld verdienen könnte? Auch dazu ein Beispiel aus der Praxis:

EIN BEISPIEL

Der 55-jährige Diplomingenieur Gerhard L., der mehr als 20 Jahre im Bereich der Entwicklung von Großrechnern tätig war, betrachtete seine Arbeitslosigkeit als Chance, noch einmal etwas ganz anderes zu wagen. Er machte sein Hobby, das Reisen, zum Beruf und begann zunächst ganz klein als Reiseleiter auf Probe bei einem etablierten Reiseanbieter. Heute konzipiert er als selbstständiger Unternehmer Natur- und Erlebnisreisen beispielsweise nach China und in die USA.

Ein solcher Schritt will natürlich gut überlegt sein. Einen neuen Beruf zu ergreifen bedeutet, nochmals (fast) von vorn anzufangen. Anfangs sind Sie in der Regel vorübergehend finanziell meist schlechter gestellt. Um so wichtiger ist es, sich möglichst umfassend zu informieren. Sprechen Sie mit Branchen-Insidern oder machen Sie es wie der Ingenieur in dem Beispiel und versuchen Sie, erst einmal in den Beruf hineinzuschnuppern. Um so größer ist die Chance, dass Sie sich nicht verkalkulieren.

Viele Wege führen in die Arbeitswelt

Die Suche nach einer neuen Arbeit gestalten Sie umso aussichtsreicher, je mehr Möglichkeiten Sie in Betracht ziehen. Vermutlich haben Sie bisher eine Vollzeitstelle gehabt, aber muss das auch in Zukunft so bleiben? Angesichts der gegenwärtigen Arbeitsmarktsituation ist es selbst für hochqua-

lifizierte Fachkräfte schwer, sofort eine neue Stelle zu finden und längere Zeiten der Arbeitslosigkeit sind besonders bei älteren Arbeitnehmern eher die Regel denn die Ausnahme. Unter diesem Aspekt sollten Sie auch Arbeitsformen wie Zeitarbeit oder freie Mitarbeit zumindest als vorübergehende Lösung in Betracht ziehen. Solche Tätigkeiten können dazu dienen, die eigene Attraktivität auf dem Arbeitsmarkt zu stärken, den Anschluss an die Praxis nicht zu verlieren und neue Kontakte zu potenziellen Arbeitgebern zu knüpfen. Vom rein praktischen Nutzen einmal abgesehen, ist es einfach besser, gezielt etwas für die berufliche Entwicklung zu tun als womöglich arbeitslos und untätig zu Hause zu sitzen. Sie finden in diesem Kapitel verschiedene Alternativen, um auf dem Arbeitsmarkt aktiv zu bleiben.
Ein weiterer Aspekt in diesem Zusammenhang ist bedenkenswert: Sie haben als Bewerber eine wesentlich bessere Ausgangsposition, wenn Sie eine Beschäftigung nachweisen können, als wenn Sie sich aus der Arbeitslosigkeit heraus bewerben.

UNSER TIPP

Versuchen Sie, Wartezeiten, die sich bei der Stellensuche ergeben, sinnvoll zu nutzen. Weiterbildung ist eine Empfehlung, um mögliche vorhandene Praxisdefizite auszugleichen. Auch ehrenamtliche Tätigkeiten können interessant sein, nämlich dann, wenn man ohnehin im Sozial- oder Umweltschutzbereich unterkommen möchte und auf diese Weise noch weitere praktische Erfahrungen sammelt. Auf diese Weise „gefüllte" Wartezeiten machen sich im Lebenslauf besser als das karge Wort „arbeitslos". Daneben sollte man sich natürlich kontinuierlich bewerben und stets bereit sein, für eine Stelle die Weiterbildung oder den überbrückenden Job abzubrechen.

Eine neue feste Anstellung

Bevor Sie wieder einen festen Arbeitsvertrag unterschreiben, sollten Sie sich Gedanken machen, ob die neue Tätigkeit Ihren beruflichen Zielen entspricht. Welche Wünsche an die Arbeitsstelle haben Sie? Nehmen Sie Ihre berufliche und persönliche Selbsteinschätzung zu Hilfe:

- Wollen Sie nur arbeiten, um das nötige Geld zu verdienen und um die Zeit bis zur Rente zu überbrücken oder suchen Sie noch eine berufliche Herausforderung? Wären Sie auch bereit, völlig neue berufliche Aufgaben zu übernehmen?
- Suchen Sie nach einer Position, die Ihnen noch Aufstiegsmöglichkeiten bzw. eine gewisse gehobene Stellung bietet oder können Sie akzeptieren, wenn Sie auf der Karriereleiter nicht mehr nach oben steigen? Wären Sie auch bereit, unter einem wesentlich jüngeren Vorgesetzten zu arbeiten?
- Welche betriebliche Organisationsstruktur bevorzugen Sie? Möchten Sie in einem konservativ hierarchisch oder lieber in einem dynamisch innovativ strukturierten Unternehmen arbeiten?
- Wollen Sie in einem kleinen, mittleren oder großen Unternehmen arbeiten?
- Arbeiten Sie lieber alleine oder im Team?
- Legen Sie Wert auf Kundenkontakt?
- Sind Sie bereit, Geschäftsreisen in Kauf zu nehmen?
- Wie mobil sind Sie? Können Sie eine Zeit lang von der Familie getrennt leben? Sind Sie zu einem Ortswechsel bereit?
- Was wollen Sie verdienen? Sind Sie bereit, geringere Jahresbezüge in Kauf zu nehmen.
- Welchen Stellenwert hat Ihr Privatleben und Ihre Freizeit?

Teilzeitarbeit Beziehen Sie nicht nur Vollzeitbeschäftigungen in Ihre Überlegungen mit ein. Auch eine Teilzeittätigkeit kann Ihnen die Rückkehr auf den Arbeitsmarkt ermöglichen.

Teilzeitarbeit beschränkt sich nicht, wie vielfach angenommen wird, auf die klassische Halbtagsbeschäftigung. Es gibt Teilzeitarbeit mit sehr unterschiedlichen Arbeitszeiten, von einer 30-Stundenwoche mit fünf Arbeitstagen bis hin zu Vereinbarungen, dass nur drei Tage in der Woche gearbeitet wird. Der große Nachteil, den eine Teilzeitbeschäftigung mit sich bringt: Sie müssen bereit sein, eine mehr oder minder große Einbuße Ihrer Einkünfte hinzunehmen.

Dennoch: Wenn man Ihnen den Lagerarbeiter- oder den Sekretärinnenposten in einem kleinen Unternehmen nur auf Teilzeitbasis anbietet, sollten Sie gut darüber nachdenken, ob Sie es sich leisten können abzulehnen.

Möglicherweise könnten Sie versuchen, Ihre Dienste noch einem weiteren Unternehmen anzubieten. Vielleicht wissen Sie aber auch gerade die spezifischen Vorteile einer Teilzeitbeschäftigung zu schätzen: weniger Stress und mehr Freizeit.

Anstellung „nur" mit Zeitvertrag Laut Beschäftigungsförderungsgesetz dürfen seit 1996 alle Arbeitsverträge auf zwei Jahre befristet werden. Verlängerungen sind möglich. Arbeitgeber nutzen diese Möglichkeit zum einen gerne, um flexibler auf wirtschaftliche Schwankungen reagieren zu können. Außerdem umgehen sie damit völlig legal die strengen Kündigungsschutzbestimmungen. Älteren Mitarbeitern bietet man solche Verträge auch häufig an, um den Kandidaten im „Langzeittest" kennen lernen zu können.
Für Sie als Arbeitnehmer ist eine solche Anstellung natürlich mit dem Risiko verbunden, nach Ablauf der vereinbarten Frist, wieder eine neue Arbeit suchen zu müssen. Es kann dennoch sinnvoll sein, eine befristete Tätigkeit zu akzeptieren. Denn Sie knüpfen wertvolle Kontakte zum Unternehmen und können zeigen, was in Ihnen steckt. Ein Arbeitgeber, der mit Ihrer Arbeit und den Ergebnissen zufrieden ist, wird den befristeten Vertrag möglicherweise, wenn es die Konjunktur erlaubt, in ein unbefristetes Arbeitsverhältnis umwandeln. Statistisch gesehen stehen die Chancen gut. Nach Untersuchungen des Instituts für Arbeitsmarkt- und Berufsforschung (IAB) werden mehr als ein Drittel der zunächst befristet Eingestellten fest übernommen.

Zeitarbeit

Auch Zeitarbeit kann für Arbeitssuchende eine Chance sein, wieder einen Dauerarbeitsplatz zu finden. Das Prinzip ist einfach: Die Zeitarbeitsfirma schließt mit dem Arbeitnehmer einen unbefristeten Arbeitsvertrag ab und vermittelt ihn entsprechend seinen Fähigkeiten für einen Zeitraum von höchstens 12 Monaten an Unternehmen, die z. B. wegen Krankheit, Termindruck oder Schwangerschaft zeitweilig Verstärkung benötigen. Was viele Bewerber nicht wissen: Die *Zeitarbeitsbranche boomt* und nimmt längst nicht mehr nur Arbeitssuchende mit kaufmännischen und gewerblich-technischen Berufen unter Vertrag. Auch Akademiker, insbesondere Informatiker, Ingenieure, Fachleute für Telekommunikation und Wirt-

schaftswissenschaftler werden gesucht. Knapp 3 000 Zeitarbeitsfirmen gibt es mittlerweile bundesweit. Die Marktführer Adecco und Randstad haben eine große Bandbreite von Fachrichtungen im Vermittlungsprogramm. Daneben gibt es kleinere Zeitarbeitsfirmen, die sich auf spezielle Fachbereiche oder Branchen spezialisiert haben.
Der Vorteil der Zeitarbeit liegt vor allem in der Chance, Einblick in neue Branchen zu gewinnen sowie Arbeitstechniken und Betriebsabläufe in verschiedenen Unternehmen kennen zu lernen. Sie können testen, ob eine Arbeitsstelle Ihren Vorstellungen entspricht. Auf der anderen Seite hat auch das Unternehmen Gelegenheit, Ihr Können und Ihre Einsatzbereitschaft zu prüfen. Die Praxis zeigt, dass die Zeitarbeit für viele Arbeitnehmer ein Sprungbrett in die Festanstellung ist. Laut Statistik sind etwa 65 Prozent der Zeitarbeitnehmer vorher arbeitslos, rund ein Drittel wird aus der Zeitarbeit von den Kundenbetrieben abgeworben.
Allerdings sollten Sie wissen, dass Sie bei einem Zeitarbeitsunternehmen ca. 15 Prozent weniger verdienen als Ihre zeitweiligen Arbeitskollegen in den Kundenfirmen, denn die Verleihfirmen behalten einen Teil des Gehaltes – als Provision für die Vermittlungsleistung – ein. Sie sind jedoch sozial genauso abgesichert wie jeder andere Arbeitnehmer.

UNSER TIPP

Wenn Sie sich für Zeitarbeit interessieren, wenden Sie sich an den Bundesverband Zeitarbeit e.V., Vorgebirgsstr. 39, 53119 Bonn, Tel.: (02 28) 63 24 50. Dort nennt man Ihnen passende Zeitarbeitsfirmen in Ihrer Nähe.

Eine besondere Form der Zeitarbeit bieten die Arbeitsämter mit der JOB-Zeitarbeit-Vermittlung. Anders als bei privaten Zeitarbeitsfirmen, schließt der Arbeitnehmer hier mit dem suchenden Unternehmen einen Vertrag, die Arbeitsverhältnisse sind daher zeitlich befristet. Auskünfte über JOB-Vermittlungsbüros in Ihrer Nähe können Sie in Ihrem Arbeitsamt erfragen.

Selbstständigkeit

Als Ausweg aus der Arbeitslosigkeit wird häufig eine selbstständige Tätigkeit erwogen. Die einen eröffnen eine PR-Agentur, andere initiieren einen Computer-Reparaturservice oder gründen einen privaten Pflegedienst. Haben Sie schon einmal darüber nachgedacht, ob Sie selbst etwas auf die Beine stellen könnten? Es gibt eine Vielzahl von Betätigungsfeldern, in denen eine Existenzgründung erfolgversprechend ist. Besonders für den Dienstleistungsbereich sind die Zukunftsprognosen gut. Die Konzentration von Unternehmen auf ihre Kernkompetenzen und der Trend zur Auslagerung (Outsourcing) von Bereichen wie Public Relations, Werbung, Personalwesen, Rechnungswesen eröffnet zahlreiche Chancen für Selbstständige. Auch in den Bereichen der Pflege- und Betreuungsdienste, der Vermögens- und Unternehmensberatung und im Bereich der Zukunftstechnologien (z. B. Softwareentwicklung, Computerschulung) sind die Prognosen auf dem Arbeitsmarkt günstig.

EIN BEISPIEL

Die 44-jährige Unternehmerin Dagmar Z. hat sich mit ihrem Dienstleistungsangebot in der High-Tech-Branche angesiedelt. Sie verkauft oder vermietet die technische Ausrüstung für die Übertragung von Video-Konferenzen. Alle notwendigen Apparate werden von ihr geliefert und installiert. Zu ihrem Kundenkreis gehören Unternehmen, Hochschulen, Technologiezentren und Krankenhäuser. Der Entschluss, sich selbstständig zu machen, entstand, als sie vor zwei Jahren zum zweiten Mal arbeitslos wurde. Die eigentliche Geschäftsidee kam, als sie auf einer Computerfachmesse CeBit diese Technik entdeckte, von der sie sofort fasziniert war.

Am Anfang steht immer die *Geschäftsidee* und die will gut überlegt sein. Was will ich verkaufen und an wen? Wie viel Geld brauche ich und woher nehmen? Wie sieht es mit der persönlichen Arbeitsorganisation und den betriebswirtschaftlichen Kenntnissen aus? Reicht mein fachliches Know-how? Fühle ich mich fit genug, um auch Mehrbelastungen standzuhalten? Diese Punkte müssen geklärt werden, um das Risiko abzuschätzen.
Damit der Sprung in die Selbstständigkeit zum Erfolg wird, ist neben dem guten Konzept auch ein bestimmtes Persönlichkeitsprofil erforderlich. Hier kommt es auf Faktoren wie Verkaufstalent, Selbstdisziplin, Belastbarkeit und nicht zuletzt auf eine gewisse Frustrationstoleranz an. Ganz wichtig:

Nur eine *ehrliche Selbsteinschätzung* kann Ihr Vorhaben auf eine solide Grundlage stellen. Bevor Sie sich für die Selbstständigkeit entscheiden, müssen Sie von Ihrem Vorhaben hundertprozentig überzeugt sein.
Prüfen Sie ehrlich und selbstkritisch Ihre Voraussetzungen und beziehen Sie auch Ihre Familie in die Überlegungen mit ein. Gegenseitige Erwartungen der Familienmitglieder sollten im offenen Gespräch ausgetauscht werden. Wirkliche Aussicht auf Erfolg haben Sie nur, wenn Ihr Lebensgefährte Sie unterstützt. Auch zahlreiche finanzielle und organisatorische Faktoren sind zu prüfen: von der Kosten-Nutzen-Kalkulation über die Geschäftsraumbeschaffung bis hin zur Beantragung von Gründungsdarlehen.
Es ist sicher ratsam, sich so professionell wie möglich beraten zu lassen. Inzwischen gibt es eine ganze Reihe von Institutionen, die Existenzgründer bei ihrem Vorhaben unterstützen und über öffentliche Finanzierungshilfen und Fördertöpfe informieren. Dazu gehören die Industrie- und Handelskammern, Handwerkskammern und Berufsverbände, deren Serviceleistungen in der Regel kostenlos sind. Daneben gibt es auch einige Vereine, die preiswerte Existenzgründungsberatung bieten.

UNSER TIPP

Informationen zum Thema Selbstständigkeit gibt es beim Bundesministerium für Wirtschaft und Technologie, Villemombler Str. 76, 53123 Bonn, Tel.: (0228) 6 15-0, Fax: (0228) 615-4436, Internet: www.bmwi.de. Hier können Sie u.a. kostenlos die Broschüre „Starthilfe – Der erfolgreiche Weg in die Selbstständigkeit" bestellen.

Es gibt eine ganze Reihe von Tätigkeiten, die unter den Oberbegriff der Selbstständigkeit fallen. Die Neueröffnung eines Betriebes ist nur eine davon. Nachfolgend stellen wir Ihnen die häufigsten Formen der Selbstständigkeit in Kürze vor.

Franchising Wenn Sie keine eigene Geschäftsidee haben, brauchen Sie dennoch nicht auf Ihre Existenzgründung zu verzichten, sondern Sie können sich einem Franchise-Geber anschließen. Dabei übernehmen Sie gegen eine monatliche Gebühr ein bereits eingeführtes Firmenkonzept (inklusive Markennamen) und sparen die Ausgaben für Marktanalysen und Werbung.

Außerdem achtet der Franchise-Geber darauf, dass keiner andere Filiale in Ihrer Nähe eröffnet wird. Von Ihnen wird erwartet, dass Sie auf *eigene Rechnung* einen Betrieb eröffnen und nach dem Konzept des Franchise-Gebers ausschließlich seine Produkte vermarkten.

Neben so bekannten Firmen wie McDonalds, Esprit, Obi und Foto Porst haben sich in Deutschland mittlerweile rund 500 Franchise-Geber in den unterschiedlichsten Geschäftsfeldern etabliert: vom Heimwerkermarkt, Sonnenstudio, Textilreinigung, Buchhaltungsbüros bis hin zum Tiefkühlservice, Fast-food-Restaurant oder Computerfachgeschäft.

Als Franchise-Nehmer arbeiten Sie wie jeder Selbstständige auf *eigene Rechnung* und *eigenes Risiko.* Es gelten daher die gleichen fachlichen und persönlichen Voraussetzungen, die auch für andere Existenzgründer gelten. Sie sollten darüber hinaus bereit sein, die von außen vorgegebenen Standards über die Verwirklichung eigener Ideen zu stellen.

UNSER TIPP

Erste Informationen über Franchising und zahlreiche Adressen von Franchise-Gebern finden Sie im Internet unter
www.franchise-net.de.
Oder Sie wenden sich direkt an den
Deutschen Franchise-Verband e.V. (Paul-Heyse-Str. 33-35,
80336 München, Tel. (089) 5307140, Fax: (089) 531323),
in dem etwa die Hälfte der Franchise-Geber Mitglied ist. Der Verband versucht durch seine Aufnahmerichtlinien, die seriösen von den weniger seriösen Anbietern zu trennen. Lassen Sie sich umfassend über vertragliche Konditionen informieren.

Freiberufliche Tätigkeiten Wer auf dem Arbeitsmarkt nach Chancen sucht, sollte auch die freien Berufe nicht außer Acht lassen. Hier eröffnen sich viele Möglichkeiten, selbstbestimmt zu arbeiten, nicht nur für Ärzte, Architekten und Rechtsanwälte. Der PR-Berater kann ebenso ein Freiberufler sein wie der Wirtschaftsprüfer oder der Umweltgutachter, der Tanzlehrer ebenso wie der Ergotherapeut oder der Dolmetscher.

Wie andere selbstständige Tätigkeiten auch, zeichnet sich die freiberufliche Arbeit durch die *eigenverantwortliche Berufsausübung* aus, die auch die wirtschaftliche Risikoübernahme umfasst. Als Freiberufler arbeiten Sie projekt- und damit zeitbezogen für mehrere Kunden. Es liegt an Ihnen, Ihre Leistung zu verkaufen und die akquirierten Aufträge zum Erfolg zu bringen. Nur wenn Sie sich bzw. Ihre Dienstleistung aktiv verkaufen, werden Sie langfristig Aufträge bearbeiten können. Vorteil gegenüber einer Firmengründung: Für den Aufbau einer freiberuflichen Existenz ist vergleichsweise *wenig Kapital* erforderlich, das Risiko entsprechend geringer. Häufig reicht ein Computer und ein Arbeitsplatz für den Start – und natürlich die Geschäftsidee.

UNSER TIPP

Informationen, Broschüren und Beratung über die Freiberuflichkeit gibt es beim Institut für Freie Berufe, Marienstraße 2, 90402 Nürnberg, Tel.: (0911) 203712. Oder Sie wenden sich an den Bundesverband der Freien Berufe: Godesberger Allee 54, 53175 Bonn, Tel.: (0228) 959510, Fax: (0228) 95951-40.

Telearbeit Eine weitere ziemlich neue Arbeitsform mit *guten Zukunftschancen* ist die Telearbeit. Sie ermöglicht es, auf Informations- und Kommunikationstechnik gestützte Aufgaben zeitlich und räumlich flexibel am Computer zu erledigen. Telearbeit wird dabei ausschließlich oder zeitweise von zu Hause aus verrichtet, wobei dieser Arbeitsplatz mit der zentralen Betriebsstätte durch EDV verbunden ist.

Die meisten Telearbeiter sind weiterhin fest im Unternehmen angestellt, es gibt jedoch auch selbstständig arbeitende Telearbeiter, die ihre Dienstleistung mehreren Firmen anbieten. Gerade im Bereich der selbstständigen Telearbeit ergeben sich für ältere Arbeitnehmer interessante Arbeitsmöglichkeiten. Dabei ist es natürlich für den Telearbeiter wie für andere Freiberufler wichtig, die speziellen fachlichen Kenntnisse mit dem Bedarf des Marktes zu verbinden.

Im Prinzip eignet sich für Telearbeit jede Tätigkeit, die mit dem Beschaffen oder Verbreiten von Informationen zu tun hat. Ein klassisches Feld für die Telearbeit ist das Programmieren, aber auch Schreibdienst, Übersetzungs- und Gutachtertätigkeiten oder Technisches Zeichnen/CAD sind u. a. mögliche Arbeitsfelder.

UNSER TIPP

Einen guten Überblick über die Möglichkeiten und die bisherige Entwicklung der Telearbeit bietet die Broschüre „Telearbeit. Ein Leitfaden für die Praxis", die kostenlos beim Bundesministerium für Arbeit und Sozialordnung
(Tel.: (02 80) 5 15 15 10, Fax: (02 80) 5 15 15 11,
E-Mail: info @bma.bund400.de, Internet: www.bma.bund.de)
zu beziehen ist. Die Broschüre nennt auch Adressen und Ansprechpartner sowie interessante Web-Sites.

Fazit: Definieren Sie Ihr Ziel

Es kennzeichnet einen reiferen Bewerber, dass er seine eigenen Möglichkeiten realistisch bewerten kann, seine Stärken und Schwächen kennt und sich angemessen präsentieren kann.
Sie haben jetzt einiges über Ihre Fähigkeiten und Kenntnisse sowie über verschiedene Tätigkeitsarten, die Ihnen offen stehen, erfahren. Nun geht es darum, das Ganze ein wenig zu ordnen und nach Ihren Präferenzen zu sortieren.
Die drei grundlegenden Fragen, die Sie jetzt beantworten sollten, lauten:

- Was möchte ich arbeiten, wenn ich von meinen persönlichen Neigungen und Eignungen ausgehe? In welchen Branchen und Berufen ergeben sich für mich Tätigkeitsmöglichkeiten?
- Wo möchte ich arbeiten? Welche Chancen bieten mir verschiedene Betriebsgrößen und Standorte?
- Wie möchte ich arbeiten? Ist eine Existenzgründung eine Möglichkeit für mich oder möchte ich wieder einen festen Arbeitsvertrag unterschreiben? Habe ich schon eine konkrete Vorstellung, wie meine zukünftige Tätigkeit aussehen könnte?

Ihre Stellensuche wird umso erfolgreicher sein, je realistischer Sie Ihr Können und Wollen eingrenzen. Ergab Ihre Selbstanalyse beispielsweise, dass Sie nicht mobil sind oder sein wollen, dann hat es keinen Sinn, wenn

Sie sich in einem 500 km von Ihrem Heimatort entfernten Unternehmen bewerben. Wenn für Sie feststeht, dass Sie ein bestimmtes Grundgehalt benötigen, sollten Sie sich nicht auf niedriger dotierte Stellen bewerben. Solche halbherzigen Bewerbungen kosten viel Zeit und der Misserfolg ist vorprogrammiert.
Andererseits gilt es darauf zu achten, dass Sie Ihre Ziele nicht zu hoch ansetzen oder zu starr eingrenzen. Ihre Fähigkeiten können Voraussetzung für ganz unterschiedliche Arbeitsplätze sein. Stecken Sie sich nicht vorzeitig in eine bestimmte Schublade. Wenn Sie eine Anstellung suchen, in der Sie Ihre Fähigkeiten anwenden können, dann ist Ihr Ansatz im Grundsatz richtig. Wenn Sie aber einen Arbeitsplatz suchen, in dem Sie sich auf einen bestimmten Beruf oder eine bestimmte Branche fixieren, dann ist Ihr Ansatz zu eng, dann sollten Sie noch einmal dieses Kapitel durchgehen, um Alternativen für sich ausfindig zu machen oder Kompromisse einzugehen.
Grundsätzlich gilt: Da Sie als älterer Bewerber auf dem Arbeitsmarkt nicht zu den bevorzugt gesuchten Mitarbeitern gehören, ist es sinnvoll, wenn Sie Ihren Spielraum möglichst breit anlegen und auch bereit sind, gewisse Abstriche zu machen. Es ist vorteilhaft für Ihre Arbeitsuche, wenn Sie bereit sind,

- sich in eine neue Branche oder Tätigkeit einzuarbeiten,
- an einen anderen Ort zu ziehen,
- einen befristeten Arbeitsvertrag zu unterschreiben,
- Abstriche beim Gehalt hinzunehmen,
- vorübergehend auch eine Zeitarbeit oder freie Mitarbeit anzunehmen.

Eine Grenze für solche Kompromisse können nur Sie persönlich ziehen. Sie sollten sich nicht von vornherein unter Wert verkaufen, sondern immer das Ziel verfolgen, eine Arbeit zu finden, die Ihnen angemessen ist, Ihre stärksten Fähigkeiten fordert und Sie zufrieden macht.

Der dritte Schritt: So bewerben Sie sich erfolgreich

Verschiedene Suchwege und Informationsquellen

Der Erfolg Ihrer Bewerbungen hängt entscheidend von Ihrer Vorgehensweise ab. Zum einen müssen Sie wissen, was Sie eigentlich wollen. Daher ging es im letzten Kapitel ausführlich um die Auswertung Ihres Berufslebens und um mögliche Arbeitsformen. Zum anderen kommt es darauf an, sich gezielt auf dem Arbeitsmarkt umzusehen. Der Stellenmarkt ist nicht so überschaubar, wie es auf den ersten Blick scheinen mag, wenn man die Samstagszeitung aufschlägt. Längst nicht alle Positionen werden offen ausgeschrieben. Es gibt auch viele Stellen, die intern besetzt werden, z. B. über unverlangt eingesandte Bewerbungen, Stellengesuche oder Personalberater. Ihr Ziel sollte es sein, diese *verborgenen Stellen* ausfindig zu machen.

Informationsbeschaffung über den Arbeitsmarkt

Um sich gezielt bewerben zu können, benötigen Sie Informationen über den Arbeitsmarkt und potenzielle Arbeitgeber. Nur wenn Sie sich in der Branche auskennen und sich gezielt über einzelne Firmen informieren, können Sie herausfinden, wer als Arbeitgeber für Sie interessant ist. Und mehr noch: Diese Recherchen haben nicht nur Einfluss auf die Entscheidung, wem Sie Ihre Bewerbung schicken, sondern in manchen Fällen auch auf die Zielsetzung der Bewerbung. Vielleicht eröffnen sich Ihnen, während Sie sich gezielt informieren, ganz neue Optionen.
Zahlreiche Medien können Sie zu Ihrer Information nutzen. Die wichtigsten werden Ihnen im Folgenden kurz vorgestellt:

Stellenanzeigen Zur Pflichtlektüre jedes Stellensuchenden gehören Stellenanzeigen. Sie vermitteln in ihrer Gesamtheit einen guten Eindruck von der aktuellen Lage auf dem Arbeitsmarkt. Aus den einzelnen Anzeigen erhalten Sie nicht nur die Information über eine offene Position, sondern zugleich erste wichtige Hinweise über ein Unternehmen wie z. B. Daten über Umsatz, Mitarbeiterzahl und Produktionsprogramm. Auch Größe, Inhalt, Stil und Veröffentlichungsort sagen einiges über das inserierende Unternehmen aus. Welche Zeitungen geeignet sind, hängt von Ihrer individuellen Ausgangsposition ab. Neben den regionalen und überregionalen *Tageszeitungen* sollten Sie auch die Stellenmärkte in den branchen- und berufsspezifischen *Fachpublikationen* lesen.

UNSER TIPP

Es kann sinnvoll sein, die Anzeigen der für Sie interessanten Unternehmen auszuschneiden und zu sammeln. Selbst wenn die aktuell ausgeschriebene Stelle Ihren Qualifikationen nicht entspricht, können Sie auf diese Weise nach und nach Adressen von Unternehmen zusammentragen, die als Zielgruppe für eine Initiativbewerbung infrage kommen (siehe Seite 59 f.).

Nachschlagewerke Eine weitere Hilfe bei der Suche bieten Nachschlagewerke, die in größeren Bibliotheken, manchmal auch in den Arbeitsämtern und Industrie- und Handelskammern zur Verfügung stehen. Einen umfassenden Überblick geben beispielsweise die Veröffentlichungen des Hoppenstedt Verlages, das „Handbuch der Großunternehmen" und „Mittelständische Unternehmen". Diese Nachschlagewerke erscheinen jährlich – auch als CD-ROM – und enthalten immer sehr aktuelle Informationen. Geordnet nach Ortsnamen und Branchen sind Adressen und Unternehmensdaten wie Umsatz, Mitarbeiterzahl und Geschäftsfelder aufgeführt. Ebenfalls zu den Standardwerken gehört „Wer gehört zu wem", das die Commerzbank herausgibt. Auch Veröffentlichungen wie das „Adressbuch Wirtschaft", „Die großen 500 auf einen Blick" oder „Das Deutsche Firmen-Alphabet" können weiterhelfen.

Wirtschaftspresse Eine unerschöpfliche Fundgrube an wichtigen Informationen bieten Ihnen die *Wirtschaftsteile* der regionalen und vor allem der überregionalen Zeitungen (Frankfurter Allgemeine Zeitung, Süddeutsche

Zeitung, Handelsblatt, Die Welt, Die Zeit). Das gilt natürlich auch für politische Wochenmagazine (Spiegel, Focus) und Wirtschaftszeitschriften (Wirtschaftswoche, Capital). Es kann sich lohnen, solche Zeitschriften auf der Suche nach einem möglichen Arbeitgeber systematisch durchzugehen. Nirgendwo sonst erhalten Sie aktuellere Berichte über Produkt, Auftragslage und Wettbewerbssituation sowie über personelle Anforderungen von Branchen und Unternehmen. Wenn Sie kontinuierlich die Berichterstattung verfolgen, bekommen Sie mit der Zeit ein gutes Gespür dafür, welche Arbeitsgebiete in welchem Unternehmen Ihnen zusagen könnten.
Größere Bibliotheken, die Zeitschriften sammeln und verleihen, bieten die Möglichkeit, nachträglich Presseberichte zu recherchieren. Fast alle Tageszeitungen verfügen über ein Archiv, in das man Einblick nehmen kann, allerdings ist hierzu ein persönlicher Besuch erforderlich. Eine weitere wichtige Recherchemöglichkeit bietet hier das Internet (siehe Seite 50).

Firmenbroschüren, Geschäftsberichte Wenn Sie über ein bestimmtes Unternehmen konkret mehr wissen möchten, können Sie natürlich *Firmenbroschüren, Geschäftsberichte* und Mitarbeiterzeitschriften zu Ihrer Information heranziehen. Ein Anruf in der Presseabteilung genügt meist, um die gewünschten Unterlagen zu erhalten.

Berufsverbände und Kammern Informationen über Unternehmen bieten auf regionaler Ebene die regionalen Handwerks- und Industrie- und Handelskammern. Sie geben beispielsweise *Mitgliederzeitschriften* heraus, die über die Firmen des Kammerbezirks berichten. In den Büchersammlungen können Stellensuchende oftmals auch Geschäftsberichte der Mitgliedsunternehmen einsehen.
Darüber hinaus hat fast jede Branche einen eigenen Berufsverband. Dort wird man Ihnen gerne telefonisch Auskunft geben, einige dieser Einrichtungen versenden auch Broschüren. Die Adressen der Berufsverbände können Sie dem „Taschenbuch des öffentlichen Lebens" von Oeckl entnehmen, das in Bibliotheken einsehbar ist.

Fachmessen Wenn Sie Ihre Bewerbungsphase langfristig anlegen, sollten Sie den Besuch von Fachmessen einplanen. Diese Fachveranstaltungen haben den unschätzbaren Vorteil, dass sich eine große Anzahl von Firmen an einem Ort präsentiert. Hier bietet sich eine hervorragende Möglichkeit, branchenspezifische Informationen über Innovationen und Produkte zu erhalten. *Messekataloge* sind dabei ebenfalls ein gute Quelle für Firmenadressen. Sie enthalten manchmal auch Kurzbeschreibungen der Unternehmen, Informationen über Produkte. Einen Messebesuch können Sie außerdem nutzen, um unverbindlich mit Unternehmensvertretern in Kontakt zu treten (siehe Seite 65).

Internet Eine wertvolle Hilfe bei der Suche bietet das Internet. Da sich viele Unternehmen bereits online präsentieren, erfahren Sie auf den Internetseiten einiges über Mitarbeiter, Umsatz, Arbeitsgebiete und die Unternehmensgeschichte. Manche Firmen stellen auch aktuelle Stellenangebote ins Netz.

Unter der Internet-Adresse www.firmendatenbank.de können Sie online die Firmendatenbank des Hoppenstedt Verlages einsehen und kostenlos 13 500 Kurzprofile deutscher Unternehmen abrufen. Es kann sich lohnen, die Gebühren zu investieren, um bei den größten deutschen Wirtschaftsdatenbankanbietern Genios (www.genios.de) und GBI (www.gbi.de) oder im Archiv der FAZ (www.faz.de) gezielt nach Informationen zu suchen.

Darüber hinaus sind die *Stellenbörsen des Internets* von Interesse für Sie. Allein die Bundesanstalt für Arbeit (www.arbeitsamt.de) ist mit 300 000 Stellenangeboten im Netz vertreten. Schnellen Zugriff auf einen großen Teil der Stellenanzeigen im deutschsprachigen Internet bietet die Job-Suchmaschine ZEIT-Robot (www.jobs.zeit.de).

Was Karriereberater für Sie tun können

Manchmal kann es sinnvoll sein, professionelle Hilfe in Anspruch zu nehmen, um den Weg durch die unübersichtliche Berufswelt zu finden. Das trifft insbesondere dann zu, wenn Sie sich schon lange nicht mehr um eine neue Stelle beworben haben und sich unsicher fühlen. Möglicherweise haben Sie auch schon mehrere Absagen erhalten und fragen sich, was Sie wohl besser machen könnten, um Ihre Einstellungschancen zu erhöhen.

In diesem Fall sind *Karriere- oder Bewerbungsberater* die richtigen Ansprechpartner. Sie sind darauf spezialisiert, Stellensuchende bei ihren Bewerbungsvorhaben sachkundig zu beraten und bieten beispielsweise praktische Hilfe bei der Zusammenstellung der Bewerbungsunterlagen, beraten

bei der Formulierung eines ansprechenden Anschreibens und bereiten Sie auf ein Vorstellungsgespräch vor. Daneben bieten sie als qualifizierte Berater auf Wunsch auch Hilfen bei der Überprüfung der Zielvorstellungen und fördern die Entdeckung und Erkundung eigener Stärken und Möglichkeiten.
Der Service der Bewerbungs- und Karriereberater ist allerdings nicht ganz billig und kostet pro Beratungsstunde im Durchschnitt zwischen 150 und 200 Mark. Nimmt man eine umfassende Beratung in Anspruch, kann dies leicht bis zu 1 000 Mark verschlingen. Man sollte daher vorsichtig sein, um nicht an schwarze Schafe zu geraten. Seriöse Berater bieten grundsätzlich ein kostenloses Vorgespräch an. Bei dieser Gelegenheit sollten Sie sich Referenzen nennen lassen und dort auch nachfragen.

UNSER TIPP

Das Arbeitsamt bietet regelmäßig Informationsveranstaltungen zu den Themen Bewerbungstraining und Karriereplanung an, die Sie kostenlos in Anspruch nehmen können. Volkshochschulen und private Bildungsinstitute bieten darüber hinaus preiswerte Alternativen für die individuelle Beratung. Hier liegt dann allerdings auch der Nachteil solcher Kurse: Sie finden in Gruppen mit bis zu 25 Teilnehmern statt und lassen wenig Raum für die Probleme Einzelner.

Wie Sie Praxiskontakte und Netzwerke nutzen können

Bekanntermaßen sind persönliche Kontakte und Empfehlungen eine recht erfolgreiche Methode auf der Suche nach einem neuen Arbeitsplatz. Zwar sind Kontakte nicht alles, aber ohne sie ist der Weg zum neuen Arbeitsplatz mühsamer. Freunde und Bekannte können Ihnen beratend zur Seite stehen und sind immer interessante Gesprächspartner, von denen Sie Informationen über Firmen oder Branchen erhalten.
Nützliche Beziehungen baut jeder von uns überall auf, und auch Sie haben bestimmt schon zahlreiche solcher Kontakte geknüpft: am Arbeitsplatz, auf Seminaren, Messen und Fachtagungen, in Berufsverbänden oder auch im privaten Umfeld, beispielsweise in Sportvereinen, Elterninitiativen und mit den Nachbarn. Manchmal lohnt sich auch der Blick in die Vergangenheit.

Kommilitonen aus der Studienzeit oder ehemalige Kollegen entwickeln sich genauso weiter wie man selbst, machen Erfahrungen, von denen sich eventuell profitieren lässt.
Wenn Sie darüber nachdenken, können Sie sicher einige Personen auflisten, die Ihr persönliches Netzwerk bilden. Manche dieser Kontakte sind eventuell schon seit längerem „eingeschlafen" und müssen reaktiviert werden. Andere gehören zum engeren Bekanntenkreis. Wer seine Bekanntschaften für sich nutzen will, muss ein gutes Fingerspitzengefühl entwickeln. Der frühere Kollege, der inzwischen in Ihrer Branche aufgestiegen ist, freut sich sicher über Ihren Anruf, aber er reagiert wahrscheinlich schnell genervt, wenn Sie ihn jede Woche mit Ihrem Anliegen bestürmen. Am besten lassen sich solche Kontakte nutzen, wenn Sie deutlich und ehrlich sagen, worum es Ihnen geht, und möglichst gezielt um Informationen bitten. Sie können Ihre Gesprächspartner auch darum bitten, Ihnen Bescheid zu sagen, sobald sie von einer freien Stelle hören. Im Idealfall empfiehlt man Sie weiter.
Es hilft Ihnen jeder gern, wenn Sie Ihr Gegenüber spüren lassen, dass Sie Wert auf seinen Rat und seine Hilfe legen. Doch überfordern Sie Ihre Bekanntschaften nicht. Beziehungen sind nicht nur für den Notfall da, sondern funktionieren nur auf der Grundlage des Gebens und Nehmens.

Hilfen vom Arbeitsamt

Den Gang zum *Arbeitsberater* des Arbeitsamtes scheuen viele Stellensuchende, da sie sich nicht viel davon versprechen. Sicherlich können Sie keine komplette Karriereberatung erwarten und Wunder bei der Stellenvermittlung vollbringt das Arbeitsamt auch nicht. Profitieren können Sie von den Leistungen des Arbeitsamtes vor allem dann, wenn sich im Gespräch mit dem Arbeitsberater herausstellt, dass für Ihren Beruf auf dem Arbeitsmarkt kein Bedarf mehr besteht oder Ihre Qualifikationen nicht ausreichend sind. Das Arbeitsförderungsgesetz sieht für diese Fälle ausdrücklich die Verbesserung der Erwerbschancen und Hilfen zur Vermeidung von Arbeitslosigkeit vor. Das bedeutet konkret, dass Sie unter bestimmten Voraussetzungen die Möglichkeit haben, an Fortbildungs- oder Umschulungsmaßnahmen teilzunehmen, die vom Arbeitsamt bezahlt werden. Allerdings fördert das Arbeitsamt ausschließlich Bildungsmaßnahmen, deren Qualität und arbeitsmarktpolitischer Nutzen erwiesen ist. Außerdem müssen Sie die feste Absicht haben, danach wieder eine Beschäftigung aufzunehmen.

Zudem kann das Arbeitsamt die Einstellungschancen vergrößern, indem es dem Arbeitgeber Lohnzuschüsse zahlt. Solche so genannten Eingliederungshilfen gibt es für ältere Arbeitslose ab dem 55. Lebensjahr, die vor Beginn des Arbeitsverhältnisses ein Jahr oder mehr arbeitslos waren.

Auf einen Blick – Service des Arbeitsamts

Neben der persönlichen Arbeitsberatung bietet das Arbeitsamt folgende Serviceleistungen:

- Der Stellen-Informations-Service SIS ist per Internet (www.arbeitsamt.de) und in den meisten größeren Arbeitsämtern per Bildschirm abrufbar.
Stellensuchende können sich die aktuellen Stellenangebote aus ihrer Region ansehen, bei Interesse ausdrucken lassen und selbstständig Kontakt aufnehmen.
- Das Gegenstück zum SIS bildet der Arbeitgeber-Informations-Service (AIS). Hier können Sie Ihr Bewerberprofil ins Internet stellen. Die Unternehmen können die Bewerberprofile mittels zielgenauer Suchstrukturen abrufen und entsprechend Kontakt aufnehmen.
Informationen dazu erhalten Sie bei Ihrem Arbeitsamt oder über das Internet (www.arbeitsamt.de).
- Nach Absprache mit dem zuständigen Arbeitsvermittler können Bewerber eine selbstverfasste Stellenanzeige in dem von der Bundesanstalt für Arbeit herausgegebenen Blatt „Markt + Chance“ veröffentlichen, das rund 35 000 Arbeitgeber erreicht.
- Die Bildungsdatenbank KURS im Berufsinformationszentrum (BIZ) des Arbeitsamtes enthält umfangreiche Informationen zu mehr als 300 000 Angeboten der beruflichen Aus- und Weiterbildung, z. B. Fortbildungsmaßnahmen, Managerseminare, Weiterbildung für Langzeitarbeitslose.
Unter www.kursdirekt.de ist die Datenbank kostenlos auch über das Internet abrufbar.

■ Im Berufsinformationszentrum (BIZ) gibt es darüber hinaus die Schriftenreihe IHRE BERUFLICHE ZUKUNFT (IBZ), die in über 20 Heften – gegliedert nach verschiedenen Berufsbereichen (z. B. für Elektro-, Metallberufe, Ingenieure, Naturwissenschaftler u. Ä.) – Aufstiegs- und Beschäftigungsmöglichkeiten sowie Qualifizierungsmaßnahmen aufzeigt.

Empfehlungen zur Organisation der Stellensuche

Erfolgreiches Bewerben beginnt mit der guten Organisation. Man sollte so systematisch wie möglich vorgehen und mehrere Aktivitäten parallel starten. Sie verlieren nur unnötig Zeit, wenn Sie immer erst den Ausgang einer Bewerbung abwarten, bevor Sie die nächste auf den Weg bringen. Damit Sie ständig den Überblick behalten und für sämtliche Eventualitäten gerüstet sind, sollten Sie die folgenden Tipps beachten:

Fangen Sie frühzeitig an Sie sollten auf jeden Fall einkalkulieren, dass ein Zeitraum von sechs Monaten oder sogar mehr vergehen kann, bis Sie einen neuen Arbeitsvertrag unterschreiben können. Daraus folgt: Arbeitssuchende sollten auf jeden Fall vor ihrem Ausstieg aus dem alten Job, spätestens nach Erhalt der Kündigung aktiv mit der Bewerbungsphase beginnen.

Nehmen Sie sich ausreichend Zeit Man sollte sich von vornherein bewusst machen, dass Arbeitsuche eine arbeits- und zeitaufwendige Aufgabe ist. Passende Firmen herauszusuchen kann durchaus ein paar Tage in Anspruch nehmen; gleiches gilt für das Zusammenstellen von Bewerbungsunterlagen. Wenn Sie vorhaben, auch Personalberater und persönliche Kontakte zu nutzen oder sich zusätzlich weiterzubilden, kann die Arbeitssuche leicht zwei bis drei Tage pro Woche erfordern.

Machen Sie sich einen wöchentlichen Plan und halten Sie sich daran
Erstellen Sie jeweils für eine Woche eine Liste, auf der Sie aufführen, welche einzelnen Schritte Sie unternehmen wollen, z.B.: Herrn XY anrufen, Besuch im Arbeitsamt, Erkundigungen über eine Weiterbildung einziehen, Infomaterial vom Berufsverband anfordern, einen Termin beim Personal-

berater wahrnehmen usw. Überprüfen Sie am Ende der Woche, was Sie mit welchem Ergebnis erledigt haben und fertigen Sie einen neuen Plan für die darauf folgende Woche an.

Sammeln Sie den Schriftverkehr Heften Sie Kopien aller Anfragen und Bewerbungsschreiben sowie die Antworten und sämtlichen Schriftverkehr, den sie in Zusammenhang mit Ihrer Arbeitssuche führen, in einen Schnellhefter oder Aktenordner. Bei einer Bewerbung auf eine Stellenanzeige sollten Sie auch die Anzeige ausschneiden und aufbewahren. Auf diese Weise können sie jederzeit nachvollziehen, wann und an wen Sie Ihre Unterlagen verschickt haben. So erleichtern Sie sich auch telefonische Nachfragen, wenn Sie nach ein paar Wochen noch nichts gehört haben.

Legen Sie einen Projektordner an Legen Sie sich zu Beginn Ihrer Arbeitssuche einen Projektordner an. Da hinein kommt alles, was mit Ihrer Stellensuche zu tun hat, z. B. Ihre Wochenpläne. Besorgen Sie sich auch einen Vorrat an passendem Papier. Notieren Sie darauf alles, was Sie im Zusammenhang mit Ihrer Arbeitssuche in Erfahrung gebracht haben oder was Ihnen spontan interessant oder bedeutsam erscheint. Sammeln Sie interessante Zeitungsartikel, Adressen, Stellenanzeigen usw. und heften Sie sie ein. Legen Sie eine Extrarubrik an, in der Sie Informationen zu einzelnen Firmen zusammentragen. Auf diese Weise haben Sie jederzeit Zugriff auf Ihr Projekt „Arbeitssuche".

Bereiten Sie Ihre Bewerbungsunterlagen vor Ihre Bewerbungsunterlagen sollten so weit vorbereitet sein, dass Sie jederzeit schnell reagieren können, wenn Sie von einer freien Stelle erfahren. Bereiten Sie Ihren Lebenslauf vor und überprüfen Sie Ihre Zeugnisse auf Vollständigkeit. Am besten legen Sie sich einen kleinen Vorrat mit Zeugniskopien an. Auch einige gute Passfotos und Bewerbungsmappen sollten Sie bereit halten.

Bringen Sie Ihre Garderobe in Ordnung Sie sollten immer damit rechnen, dass man Sie von einem Tag auf den anderen zu einem Gesprächstermin bittet. Stellen Sie für solche Fälle sicher, dass Sie ständig eine saubere und vorzeigbare Garderobe im Schrank haben, in der Sie eine gepflegte Gesamterscheinung bieten.

Organisieren Sie Ihren Telefondienst Es ist wichtig, dass Sie erreichbar sind. Wenn Sie häufig unterwegs sind, sollten Sie sich einen Anrufbeantworter zulegen. Ein solches Gerät nutzt aber nur, wenn Sie es regelmäßig abhören und umgehend – wirklich umgehend – auf eventuell eingegangene Anrufe reagieren

Für gelegentliche und nur kurzzeitige Abwesenheit empfiehlt sich der „persönliche" Telefondienst. Legen Sie Papier und Stift neben das Telefon. Erklären Sie Ihrer Familie die Bedeutung der Anrufe und üben Sie mit den Kindern, wie man „professionell" telefoniert (mit Nachnamen melden; erklären, dass der Vater bzw. die Mutter nicht zu Hause ist; den Namen und die Telefonnummer des Anrufers notieren).

Strategien der Stellensuche

Die Bewerbung ist ein *kommunikativer Prozess,* in dem es gilt, die eigenen Fähigkeiten und Qualitäten anzupreisen. Es ist vor allem wichtig, dass Sie *Eigeninitiative* zeigen und sich gezielt auf die Suche nach einem neuen Arbeitsplatz begeben.

Für die meisten Bewerber ist Stellensuche gleichbedeutend mit dem Bewerben auf Stellenanzeigen. Das hat den Vorteil, dass Sie sich auf eine tatsächlich offene Stelle bewerben und aus der Anzeige bereits etwas über die mit der Stelle verbundenen Anforderungen erfahren. Andererseits – und das ist der Nachteil – wird Ihre Bewerbung in diesem Fall eine unter vielen sein. Bei Bewerbern über 40 besteht dabei schnell die Gefahr, dass man sich zu Gunsten jüngerer Mitbewerber entscheidet, selbst wenn Sie fachlich alle Voraussetzungen erfüllen. Und diese Gefahr erhöht sich noch, wenn Sie über 50 sind. Sich auf Anzeigen zu bewerben ist sicher ein Weg, doch den Hauptakzent sollten Sie auf *andere Suchwege* setzen.

Für eine erste Kontaktaufnahme mit einem Unternehmen gibt es noch weitere Wege, die Sie gehen können: von der telefonischen Anfrage über die Initiativbewerbung bis zum eigenen Stellengesuch. Im Folgenden sollen diese Wege ausführlicher dargestellt werden.

Die telefonische Anfrage

Ein Telefonat kann eine schriftliche Bewerbung zwar nicht ersetzen, dennoch kann der Griff zum Telefonhörer bei den Bewerbungsaktivitäten eine wichtige Rolle spielen und ist besonders dann von Nutzen, wenn Sie schnell eine Auskunft benötigen oder gezielt auf sich aufmerksam machen möchten.

In folgenden Situationen lässt sich das Telefon sinnvoll einsetzen:

- Um den Namen des Ansprechpartners herauszufinden
  Es macht immer einen guten Eindruck, wenn Sie Ihr Anschreiben namentlich an die zuständige Person richten können. Bevor Sie eine Bewerbung versenden, sollten Sie auf jeden Fall den zuständigen Ansprechpartner telefonisch erfragen. Besonders wichtig ist dies bei einer Initiativbewerbung. Lassen Sie sich in diesem Fall den Namen des entsprechenden Fachvorgesetzten nennen, um so der Gefahr zu entgehen, auf dem großen Bewerbungsstapel in der Personalabteilung zu landen.
- Als Reaktion auf eine Stellenanzeige
  In Stellenanzeigen wird häufig ganz konkret eine telefonische Kontaktaufnahme mit einem namentlich genannten Ansprechpartner angeboten. Dieses Angebot können Sie nutzen, um eine genauere Stellenbeschreibung zu erbitten oder vorab zu klären, ob Ihre Qualifikationen als ausreichend angesehen werden. Ein weiterer Vorteil: Sie können sich anschließend in Ihrer Bewerbung auf dieses Telefonat beziehen und haben zugleich auch einen sinnvollen Aufhänger für Ihr Anschreiben.
- Um vorab den Bedarf zu klären
  Eine telefonische Vorabinformation ist auch dann sinnvoll, wenn Sie sich nicht ganz sicher sind, ob Sie mit Ihrer Qualifikation in einem bestimmten Unternehmen überhaupt richtig liegen. Insbesondere bei Initiativbewerbungen kann es sich lohnen, vorab zu erfragen, ob grundsätzlich Interesse an Ihrer Bewerbung besteht. Wird dies abschlägig beantwortet, sparen Sie Zeit und Geld.
- Zum Nachfassen
  Ihre Bewerbungsunterlagen sind verschickt, vier Wochen sind verstrichen und Sie haben noch nichts gehört? Jetzt können Sie zum Telefon greifen und sich höflich nach dem Stand der Dinge erkundigen. Ist noch nichts entschieden, können Sie die Gelegenheit nutzen, noch einmal Ihr Interesse an einer Mitarbeit zum Ausdruck zu bringen.

Bewerbungen sind Eigenwerbung. Das gilt nicht nur für die schriftlichen Unterlagen, sondern für jeden Eindruck, den Sie hinterlassen – auch für ein Telefonat. Ziel Ihres Anrufes sollte immer auch sein, das Interesse des Gesprächspartners an Ihrer Person bzw. Ihrer Bewerbung zu wecken und einen positiv bleibenden Eindruck zu hinterlassen. Eine gute Vorbereitung ist daher unerlässlich. Sie sollten sich vorab sehr genau überlegen, wen Sie sprechen wollen und was Sie konkret mitteilen oder fragen möchten.
Sinnvoll ist es, die eigenen Fragen vorher zu formulieren und sie sich stichwortartig zu notieren. Auch die Reaktionen Ihres Gesprächspartners gilt es vorab zu bedenken: Er oder sie wird eventuell Gegenfragen zu Ihrem Lebenslauf und Ihrer Qualifikation stellen.
Damit Sie jederzeit sicher Auskunft geben können und nicht aus dem Konzept geraten, sollten Sie sicherheitshalber Ihren Lebenslauf und einen Stichwortzettel mit Ihren wichtigsten Argumenten griffbereit neben das Telefon legen.
Wenn Ihnen der passende Gesprächspartner nicht bereits bekannt ist, fragen Sie sich gezielt zu dem Firmenchef oder dem Leiter der entsprechenden Fachabteilung durch. Stellen Sie sich zu Beginn des Gespräches selbst mit Namen vor und notieren Sie sich den Namen des Gesprächspartners. Sie können ihn dann während des Gesprächs persönlich ansprechen und sich eventuell anschließend schriftlich an ihn wenden. Erkundigen Sie sich im Zweifelsfall auch nach der richtigen Schreibweise des Namens.
Bringen Sie Ihr Anliegen in freundlicher Form vor und versuchen Sie, auf alle Fragen eine Antwort zu bekommen. Das Gespräch sollte von dem Bemühen getragen sein, einen guten Kontakt aufzubauen. Lassen Sie erkennen, dass Sie sich bereits mit dem Unternehmen und den Geschäftsfeldern befasst haben. So wird auch Ihrem Gesprächspartner schnell klar, dass Sie sich gezielt für dieses Unternehmen interessieren und nicht nur auf der Suche nach irgendeinem Job sind.
Aber hören Sie auch gut zu! Möglicherweise ist die Zeit Ihres Gesprächspartners begrenzt.
Wenn Sie erste Anzeichen von Nervosität oder Ungeduld erkennen, sollten Sie das Gespräch von sich aus beenden oder fragen, ob ein anderer Gesprächstermin angenehmer wäre.

Der klassische Weg: Bewerben auf Stellenanzeigen

Bei der oft großen Zahl der Mitbewerber lohnt eine Bewerbung auf eine Stellenanzeige nur, wenn Sie die darin geforderten Qualifikationen weitgehend erfüllen können. Bevor Sie also einen Bewerbungsbrief verfassen, sollten Sie die Anzeige nach folgenden Aspekten sehr genau lesen.

- An wen richtet sich die Anzeige?
- Verfüge ich über die geforderten Fähigkeiten und Kenntnisse?
- Welche meiner Qualifikationen könnten für diesen Arbeitgeber zusätzlich von Interesse sein?
- Gibt es Unklarheiten, die vorab telefonisch geklärt werden müssten?

Nur wenn Sie den Eindruck haben, dass Sie die beschriebenen Aufgaben problemlos erfüllen könnten, hat Ihre Bewerbung Aussicht auf Erfolg. Wichtig: Ihr Anschreiben muss in konkretem Bezug zu den in der Anzeige genannten Anforderungen stehen. Gehen Sie in Ihrem Brief Punkt für Punkt auf alle Qualifikationen ein, die der Arbeitgeber für diese Stelle nennt. Wenn Ihnen die angebotene Position zusagt, ist das in der Regel nicht so schwer.

Darüber hinaus sollten Sie erläutern, welche zusätzlichen Qualifikationen Sie haben. Natürlich gelten alle formalen und inhaltlichen Anforderungen einer schriftlichen Bewerbung (siehe Seite 66 ff.).

UNSER TIPP

Wenn Sie sich auf Stellenangebote bewerben, sollten Sie möglichst schnell reagieren. Ihre Bewerbung sollte bis zu zwei Wochen nach Erscheinen der Anzeige bei dem Unternehmen eingehen.

Initiative zeigen: die Blindbewerbung

Sie brauchen nicht abzuwarten, bis der gewünschte Arbeitsplatz im Stellenteil der Zeitung angeboten wird. Sie können und sollten auch selbst aktiv werden. Eine oft unterschätzte Chance ist die Initiativ- oder Blindbewerbung, also eine Bewerbung, die Sie unaufgefordert an einen Arbeitgeber Ihrer Wahl schicken. Diese Form der Bewerbung ist heutzutage durchaus üblich und zu empfehlen. Natürlich – so werden Sie vielleicht einwenden – können Sie nicht wissen, ob in dem angeschriebenen Unternehmen überhaupt in absehbarer Zeit eine passende Position für Sie zu vergeben ist. Einerseits ist die Chance, auf diese Weise eine Stelle zu finden, vielleicht gering. Andererseits haben Sie hier den Vorteil, dass Sie nicht wie bei einer Stellenausschreibung mit einer großen Zahl von (meist jüngeren) Mitbewerbern konkurrieren müssen. Viele Firmen erhalten inzwischen so zahlreiche Initiativbewerbungen, dass Sie auf kostenintensive Stellenausschreibungen verzichten und gerne auf die unaufgefordert eingegangenen Bewerbungen zurückgreifen.

Blind bewerben heißt keineswegs „auf Verdacht" Firmen anzuschreiben oder Standardschreiben zu verschicken. Genau wie bei einer Bewerbung auf eine Stellenanzeige, kommt es auch hier auf ein gezielt und individuell formuliertes Anschreiben an. Machen Sie deutlich, dass Sie das Unternehmen kennen und sich nur deshalb bewerben, weil Sie die passenden Qualifikationen mitbringen. Auch die gewünschten Aufgabenbereiche sollten genannt sein.

Da Ihnen keine Stellenanzeige vorliegt, die Ihnen diese Angaben „frei Haus" liefert, ist hier vorab etwas Recherchearbeit erforderlich. Einige passende Unternehmen sind Ihnen eventuell bekannt, andere müssen Sie erst aufspüren (siehe dazu den Abschnitt „Informationsbeschaffung über den Arbeitsmarkt", ab Seite 47 ff.). Aktivieren Sie zu diesem Zweck auch Ihr Kontaktnetz.

UNSER TIPP

Adressieren Sie Ihre Initiativbewerbung direkt an den Leiter der entsprechenden Fachabteilung (evtl. telefonisch erfragen). Er kann die Eignung eines Bewerbers oft besser beurteilen als die Personalabteilung, die häufig sehr schematisch bei der Auswahl vorgeht. Die Gefahr, dass man Sie dann schon aufgrund Ihres Alters nicht in Betracht zieht, ist gegeben.

Kurz und punktgenau: die Zielgruppen-Kurzbewerbung

Die Kurzbewerbung ist eine weitere Möglichkeit, um unaufgefordert mit einem Unternehmen Kontakt aufzunehmen. Wie bei der Initiativbewerbung müssen Sie hier vorab die in Betracht kommenden Firmen ermitteln – daher die Bezeichnung Zielgruppen-Kurzbewerbung. Diese Bewerbungsform besteht im Gegensatz zu einer vollständigen Bewerbung nicht aus einer kompletten Bewerbungsmappe, sondern lediglich aus einem Anschreiben und dem Lebenslauf. Ob Kurzbewerbungen sinnvoll sind, darüber gibt es bei Personalfachleuten unterschiedliche Meinungen. Während die einen argumentieren, dass eine solche Bewerbung immer den Eindruck von Unvollständigkeit erweckt, sehen die anderen folgende Vorteile: Kurzbewerbungen ermöglichen dem Leser einen schnelleren Überblick als eine komplette Bewerbung; außerdem besteht keine Notwendigkeit, die Unterlagen zurückzusenden. Selbst wenn gerade keine Position frei ist, nimmt man Ihre Bewerbung eventuell zu den Unterlagen, bis ein Bedarf besteht. Sinnvoll kann eine Kurzbewerbung vor allem dann sein, wenn Sie beabsichtigen, einen größeren Kreis von potenziellen Arbeitgebern anzusprechen. Sie sparen in diesem Fall viel Aufwand und Kosten. Das Anschreiben und den Lebenslauf sollten Sie aber mit der gleichen Sorgfalt erstellen wie bei einer vollständigen Bewerbung. Denn auch diese Bewerbungsform ist nur dann Erfolg versprechend, wenn Sie pointiert die eigenen Qualifikationen herausstellen und dem Empfänger zeigen, dass sie wirklich speziell an ihm interessiert sind. Auch in diesem Fall sollte man also keinen Standardbrief versenden. Weisen Sie im Schlusssatz kurz darauf hin, dass Sie bei Interesse gerne die vollständigen Bewerbungsunterlagen nachreichen.

Das eigene Stellengesuch

Alle großen Stellenmärkte in Zeitungen und Zeitschriften bieten dem Bewerber auch die Möglichkeit, selbst zu inserieren und ein Stellengesuch zu veröffentlichen. An der richtigen Stelle geschaltet, erreichen Sie mit einer solchen Selbstdarstellung eine große Anzahl potenzieller Arbeitgeber. Vor allem in mittelständischen und kleineren Unternehmen werden Stellenanzeigen mit Interesse gelesen, bevor eine eigene – teure – Stellenanzeige veröffentlicht wird. Sie sollten vorab genau überlegen, welchen Leserkreis Sie erreichen wollen. Stellenanzeigen in der regionalen Presse sind beispielsweise immer dann sinnvoll, wenn Sie ausschließlich in der näheren Umgebung suchen. Wenn Sie hingegen in der überregionalen Presse inserieren, signalisieren Sie damit Mobilität und sollten dann auch zu einem Ortswechsel bereit sein. Suchen Sie in einer ganz bestimmten Branche, inserieren Sie am sinnvollsten – und oft sogar preiswerter – in einer entsprechenden Fachpublikation, z. B. für EDV-Berufe in der „Computerwoche", für Berufe im Buchhandel im „Börsenblatt" oder für Architekten in der „Bauwelt". Die Größe Ihrer Anzeige sollte der gesuchten Position und dem Umfeld, in dem sie erscheint, angemessen sein, also weder zu groß noch zu klein. Wenn Sie die entsprechenden Sparten der Zeitungen und Zeitschriften aufmerksam betrachten, werden Sie schnell ein Gefühl dafür bekommen, welche Größe angemessen ist. Von der Anzeigengröße ist u. a. auch der Preis der Anzeige abhängig. Je nach Publikation kosten Stellengesuche zwischen 80 und 350 Mark.

UNSER TIPP

Kostenlos können Sie Ihre Suchanzeige in einigen Jobbörsen im Internet veröffentlichen. Es gibt zwar noch keine zuverlässigen Untersuchungen darüber, wie erfolgreich solche Anzeigen sind, doch die Akzeptanz in den Unternehmen steigt beständig. Achten Sie auch hier darauf, dass Ihre Anzeige in einem geeigneten Umfeld verwandter Berufe erscheint.

Die Formulierung einer aussagekräftigen Stellenanzeige ist kein ganz leichtes Unterfangen und sollte gründlich vorbereitet sein. Nehmen Sie sich dafür genügend Zeit. Inhaltlich enthält ein gelungenes Stellengesuch die folgenden Bestandteile:

1. *Aussagekräftige Überschrift*

Als Grundregel gilt: Die Überschrift sollte in aller Kürze eine Antwort auf die Frage geben: „Was haben Sie zu bieten?" Nennen Sie hier zunächst Ihre Berufsbezeichnung bzw. Ihre Position und eventuelle Schwerpunkte, z. B. „Industriemeister – Chemie", „Kfz.-Service-Techniker", „Controller", „Vertriebsfachfrau – Betriebswirtin".

2. *Eigene Qualifikationen*

Nennen Sie Ihren Ausbildungsabschluss, die wichtigsten fachlichen Kenntnisse und Fähigkeiten, berufliche Erfolge, Branchenkenntnisse oder Problemlösungskompetenzen.

3. *Beschreibung des gesuchten Aufgabenbereichs*
Die häufig benutzte Formulierung „suche neuen Wirkungskreis" ist hier zu allgemein. Benennen Sie möglichst genau die gesuchte Position, sprechen Sie dabei bestimmte Anforderungskriterien ruhig explizit an. Formuliert könnte das z.B. so aussehen: „... sucht verantwortliche Aufgabe in der Planung und Projektabwicklung" oder „... sucht interessante Position in einem Unternehmen mit Osteuropa-Aktivitäten".

UNSER TIPP

Bei Stellengesuchen wird erwartet, dass der Inserierende sein Alter nennt. Es macht auch wenig Sinn, wenn Sie Ihr Alter verschweigen, denn spätestens bei der Kontaktaufnahme mit dem Unternehmen müssen Sie Farbe bekennen. Wenn Sie die konkrete Altersangabe im Anzeigentext vermeiden möchten, bieten sich Formulierungen wie „mit 25 Jahren Berufserfahrung", oder „15 Jahre Führungserfahrung" als Alternativen an.

In der Regel reagieren Firmen auf Stellenanzeigen mit der Bitte um Zusendung der kompletten Bewerbungsunterlagen. Es empfiehlt sich, ein kurzes Begleitschreiben beizulegen, in dem Sie Ihr Interesse an der Mitarbeit in der entsprechenden Firma signalisieren. Informieren Sie sich dazu über die Firma (siehe Seite 47 ff.). Denn selbst, wenn sich das Unternehmen bei Ihnen meldet, bleiben doch Sie immer noch der Bewerber und das Unternehmen der Arbeitgeber.
Doch erwarten Sie nicht zu viel! Möglicherweise erhalten Sie nur wenige Zuschriften und nicht immer ist ein interessantes Angebot dabei. Seien Sie darauf gefasst, dass Sie neben den erwünschten Offerten auch Post von Karriere- und Personalberatern erhalten, die Ihnen Ihre Dienste anbieten. In diesen Fällen ist Vorsicht geboten, denn Berater, die sich auf diese Weise Ihre Kunden suchen, gehören bestimmt nicht zu den seriösen Vertretern ihrer Branche.
Wenn Sie nicht unter Chiffre, sondern mit offener Anschrift oder Telefonnummer inserieren, müssen Sie auch damit rechnen, dass Strukturvertriebe der Versicherungs- und Finanzbranche u. Ä. Sie anzuheuern versuchen. Auch in diesen Fällen ist Vorsicht geboten.

Beispiele

Berufserfahrene RENO-Gehilfin
49 J., flexibel und belastbar, derzeit als Bürovorsteherin in einer Anwaltskanzlei tätig, Spezialgebiet Mahn-, Vollstreckungsw. sowie Kostenrecht, auch Erfahrung in der Notariatsabwicklung, sucht für halbtags neue Tätigkeit in Dortmund o. Umgebung.
Zuschriften unter …

Projektsteuerung/Professionelles Controlling
Bau-Ing./Sachverständiger mit 25 Jahren Berufserfahrung in der Abwicklung von Großbauvorhaben bis 180 Mio., verhandlungssicher gegenüber GU/GÜ-Auftragnehmern, Sicherung der vorgegebenen Kosten und Termine, verlässlich und kompetent, bietet seine Mitarbeit auf freiberuflicher Basis an.
Zuschriften erbeten unter …

Kaufmännischer Geschäftsführer/Dipl.-Volkswirt

Alter:	49 Jahre
Erfahrung:	12-jährige Erfahrung in internationalem Umfeld als Revisor, Projektleiter Unternehmensplanung, Leiter Finanzbuchhaltung (ppa.), Kfm. GF Umwelttechnik
Erfolge:	Projektentwicklung mit internationalen Financiers, Erschließung neuer Märkte und Kunden, nachweisbare Sanierungserfolge
Sprachen:	Englisch sehr gut, Französisch vertragssicher
Ziel:	neue Herausforderung als Geschäftsführer eines international ausgerichteten Unternehmens
	Zuschriften erbeten unter …

Direkte persönliche Ansprache

Es gibt natürlich auch noch die Möglichkeit, den Wunsch-Arbeitgeber persönlich anzusprechen. Sie können ihn unaufgefordert besuchen oder auf Messen oder anderen Fachveranstaltungen den Kontakt herstellen. Die erste Möglichkeit empfiehlt sich aber höchstens bei relativ kleinen Unternehmen. Es gibt jedoch keine Garantie dafür, dass Sie tatsächlich Gelegenheit erhalten, mit einem Entscheidungsträger zu sprechen.

Wesentlich empfehlenswerter ist es dagegen, erste Kontakte auf Messen, Seminaren oder Vortragsveranstaltungen zu knüpfen. Zwar sind diese Fachveranstaltungen für etwas anderes gedacht als für Bewerbungsgespräche, doch kann man über Fachsimpelei schnell ins Gespräch kommen. Durch ein Fachgespräch – beispielsweise auf einer Fachmesse – können Arbeitsuchende nützliche Details erfahren und Beziehungen zu potenziellen Arbeitgebern aufbauen. Wesentlicher Vorteil: Wer solche Gespräche auf Messen, Seminaren, Fachtagungen oder Vortragsveranstaltungen geführt hat, weiß genau, an wen er seine Bewerbung richten muss, und entgeht so der Gefahr, auf dem großen Berg der Bewerbungen zu landen.

Unabhängig davon, wo die Begegnung stattfindet, sollten Sie Ihren „Auftritt" planen. Selbstpräsentation will vorbereitet sein. Mehr noch als bei einer schriftlichen Bewerbung oder einem Telefonat kommt es bei einem persönlichen Kontakt auf die Fähigkeit des „sich Verkaufens" an. Dabei gelten für die Vorbereitung der direkten persönlichen Ansprache im Prinzip die gleichen Regeln, die auch für die Vorbereitung eines klassischen Vorstellungsgespräches zu beachten sind (siehe Seite 90 ff.). Sie müssen wissen, worin Ihre persönlichen, beruflichen und fachlichen Qualifikationen bestehen, was Sie in Zukunft beruflich machen wollen und welchen Nutzen Sie dem Unternehmen konkret bieten können.

Da der Gesprächspartner außer dem ersten Eindruck, den Sie auf ihn machen, nichts von Ihnen weiß, liegt es an Ihnen, sich in möglichst kurzer Zeit interessant zu präsentieren. Gelingt Ihnen dies nicht, wird das Gespräch verständlicherweise sehr kurz verlaufen.

Auch wenn das persönliche Gespräch den Einstieg erleichtern kann – eine schriftliche Bewerbung bleibt dennoch unverzichtbarer Bestandteil des Bewerbungsverfahrens. Nehmen Sie vorsichtshalber Ihre kompletten Unterlagen mit, die Sie dann gegebenenfalls Ihrem Gesprächspartner, wenn er Sie zu sehen wünscht, überlassen können.

Ihre Visitenkarte: die schriftlichen Bewerbungsunterlagen

Die schriftliche Bewerbung ist das *Kernstück* jedes Bewerbungsverfahrens und dient dem Arbeitgeber dazu, sich einen ersten Eindruck über Ihre Eignung zu verschaffen. Sie fungiert daher als eine Art *persönliche Visitenkarte,* die Sie mit größter Sorgfalt zusammenstellen sollten. Nur wenn der Empfänger Ihre Unterlagen überzeugend findet, wird er Ihre Einstellung in Betracht ziehen und Sie zu einem Vorstellungsgespräch einladen. Dabei spielt neben den inhaltlichen Kriterien – auf die in diesem Kapitel ausführlich eingegangen wird – auch die Form eine nicht zu unterschätzende Rolle.

Versetzen Sie sich einen Moment in die Lage des Personalverantwortlichen, der für eine Stelle einen ganzen Stapel Bewerbungen auf seinem Schreibtisch liegen hat. Er wird die Bewerbungsmappen zunächst nach rein optischen Gesichtspunkten durchsehen und unordentliche, handgeschriebene oder geknickte Unterlagen sofort beiseite legen. Sie sollten daher besonderen Wert auf eine tadellose äußere Form legen.

Formale Anforderungen

- Vollständigkeit: Zu den Bewerbungsunterlagen gehören: individuelles Anschreiben, Foto, tabellarischer Lebenslauf, Zeugniskopien
- Papier: Benutzen Sie am besten weißes hochwertiges Papier. Sie können allenfalls noch ein hellgrau oder -beige getöntes Papier verwenden, keinesfalls mehrfarbige, gemusterte oder modisch verzierte Briefbögen.
- Schriftbild: Schreiben Sie Anschreiben und Lebenslauf wenn möglich mit Computer oder zumindest mit einer guten Schreibmaschine.
- Rechtschreibung und Zeichensetzung: Auch hier kommt es auf Fehlerlosigkeit an. Ziehen Sie in Zweifelsfällen den Duden zurate.

- Übersichtlichkeit: Achten Sie auf eine klare Gliederung mit Absätzen im Anschreiben und Zwischenüberschriften im Lebenslauf. Das erleichtert dem Empfänger das Lesen.
- Erscheinungsbild: Die Unterlagen müssen sauber und ordentlich wirken. Knicke und Flecken sind ebenso zu vermeiden wie sichtbare Korrekturen.
- Versand: Benutzen Sie am besten Umschläge mit verstärkter Rückseite, damit die Unterlagen nicht schon unterwegs geknickt werden. Achten Sie auf ausreichende Frankierung.

Qualifikationen auf den Punkt gebracht: das Anschreiben

Das Anschreiben ist der wichtigste und persönlichste Teil der Bewerbung und das erste Schriftstück, das der Leser zu sehen bekommt. Auf einer, maximal eineinhalb Seiten (länger sollte der Text auf keinen Fall sein), bietet sich hier die Chance, Werbung in eigener Sache zu machen und die Aufmerksamkeit des potenziellen Arbeitgebers zu wecken. Der Brief muss also möglichst prägnant die Informationen enthalten, die der Leser benötigt, um Ihre Eignung als Arbeitskraft für sein Unternehmen zu erkennen. Im Wesentlichen sollte der Text eine Antwort auf die folgenden drei Fragen geben:

- Welche Qualifikationen haben Sie, die Sie für die Mitarbeit in diesem Unternehmen geeignet erscheinen lassen?
- Auf welche Erfolge können Sie verweisen?
- Weshalb bewerben Sie sich gerade in diesem Unternehmen?

Der letzte Punkt ist besonders wichtig. Das Interesse des Empfängers an Ihnen wird eher gering sein, wenn er den Eindruck hat, einer von vielen zu sein. Auch wenn Ihr Textverarbeitungsprogramm es hergibt: Verzichten Sie auf die Serienbrief-Funktion. Je individueller und gezielter das Anschreiben auf den jeweiligen Empfänger abgestimmt ist, desto größer die Aussicht auf Erfolg. Ihr Schreiben darf deshalb auf keinen Fall wie ein massenhaft erstellter „Standard-Brief" wirken!

Formaler Aufbau des Anschreibens Wie jeder Geschäftsbrief sollte auch ein Bewerbungsanschreiben formal folgendermaßen aufgebaut sein:

1. Anschrift des Absenders mit Telefonnummer
2. Vollständige Anschrift des Empfängers, ggf. mit dem Zusatz „Personalabteilung" oder dem Namen des Ansprechpartners (ohne „zu Händen")
3. Ort und Datum (Ort, Datum – ohne „den")
4. Betreffzeile (ohne „Betreff"): mit Bezug auf die Stellenausschreibung – Datum und Veröffentlichungsort z. B. „Ihre Stellenanzeige ‚Diplom-Ingenieur' in der FAZ vom 12.6.1999", oder – bei einer unaufgeforderten Bewerbung – auf die gewünschte Position „Initiativbewerbung als Schreiner"
5. Anrede: Möglichst an einen namentlich bekannten Ansprechpartner „Sehr geehrte Frau Schrader" oder allgemein formuliert „Sehr geehrte Damen und Herren"
6. Brieftext mit Einleitung, Hauptteil und Schlusssatz
7. Grußformel: Hier hat sich „Mit freundlichen Grüßen" als Standardformulierung eingebürgert (bitte kein altmodisches „Hochachtungsvoll")
8. Eigenhändige Unterschrift
9. Anlagenvermerk: Hier reicht der Hinweis „Anlagen"; eine Auflistung der einzelnen beigefügten Unterlagen erleichtert dem Empfänger zwar die Arbeit, nimmt jedoch auch viel Platz ein

Inhaltliche Gliederung des Anschreibens Der Haupttext des Anschreibens muss so knapp wie möglich gehalten werden und sollte höflich, aber selbstbewusst formuliert sein. Vermeiden Sie Sätze wie „Unter Bezugnahme auf die o. g. Stellenausschreibung bewerbe ich mich hiermit …". Das ist umständliches, altmodisches Bürokratendeutsch. Als stilistische Grundregel gilt: Formulieren Sie kurze Sätze mit klaren Informationen. Das macht einen dynamischen und eigenständigen Eindruck.
Verstehen Sie die folgenden Hinweise als Empfehlungen, wie Sie den Haupttext aufbauen können.

Einleitung Der erste Satz sollte kurz und prägnant den Anlass Ihres Schreibens benennen. Wenn Sie sich auf eine Stellenanzeige hin bewerben, haben Sie einen konkreten Bezug. Auch ein persönliches Telefongespräch kann als Aufhänger dienen. Zusätzlich können Sie formulieren, weshalb die

Stelle oder das Unternehmen Ihnen als Arbeitgeber attraktiv erscheint. Vermeiden Sie langweilige, floskelhafte Formulierungen wie „Hiermit bewerbe ich mich …". Wählen Sie einen Einstieg, der geeignet ist, das Interesse des Arbeitgebers zu wecken.

Beispiele: Einleitungssätze

„Suchen Sie einen dynamischen Mitarbeiter mit langjähriger Erfahrung und Führungsqualitäten? Für die anspruchsvollen Aufgaben, die Sie in Ihrer Stellenanzeige nennen, bringe ich gute Voraussetzungen mit, die ich Ihnen kurz nennen möchte."

„Gern möchte ich als Reno-Gehilfin in Ihrer Kanzlei arbeiten. Die erforderlichen Kenntnisse bringe ich mit."

„Wie ich aus der Wirtschaftspresse erfahren habe, engagieren Sie sich besonders im Bereich … Das spricht mich an, weil ich gerade in diesem Bereich über theoretische und praktische Kenntnisse verfüge."

„Während unseres Telefongesprächs am 8. August habe ich den Eindruck gewonnen, dass ich gut für die ausgeschriebene Position geeignet bin. Denn was Sie erwarten, kann ich leisten."

Argumente liefern Die jetzt folgenden Ausführungen sind besonders wichtig für die Überlegung des Empfängers, ob Sie überhaupt als Mitarbeiter infrage kommen. Es gilt, dem Arbeitgeber die wichtigsten Argumente zu nennen, die für Ihre Einstellung sprechen. Setzen Sie dabei die richtigen Schwerpunkte. Da Sie als Bewerber über 40 vermutlich schon mehrere berufliche Stationen durchlaufen haben, sollten Sie nicht Ihren ganzen Werdegang beschreiben, den kann der Leser ohnehin dem Lebenslauf entnehmen. Nennen Sie ganz gezielt nur die wichtigsten Stationen und gehen Sie kurz auf Ihre derzeitige oder letzte Position ein. Heben Sie dann einige Qualifikationen, Eigenschaften und Fähigkeiten heraus, die für die angestrebte Position von besonderer Bedeutung sind. Jetzt können Sie Ihre Stärken präsentieren (siehe Seite 26 ff.), die Sie durch Selbstanalyse herausgefunden haben. Verweisen Sie auf Ihre Erfahrungen, nennen Sie konkrete Erfolgsbeispiele und bedienen Sie sich dazu eingängiger Formulierungen.

Beispiele: Fähigkeiten beschreiben

„Ich verfüge über Erfahrung bei ...“
„Ich besitze fundierte Kenntnisse in ...“
„Meine Stärken sind ...“
„Ich habe Erfahrung mit ...“
„Neben ... zähle ich ... zu meinen Stärken.“
„Ich bin bestens vertraut mit ...“
„... bilden die Schwerpunkte meiner Arbeit, sodass ich Ihren Anforderungen gerecht werden kann.“
„Im Laufe der Berufstätigkeit habe ich mich auf ... und ... spezialisiert.“

Grundsätzlich ist es sinnvoll, die Fähigkeiten und Qualifikationen nicht nur aufzuzählen, sondern etwas aussagekräftiger zu beschreiben.
Formulieren Sie also nicht einfach „Ich besitze Organisationstalent und bin eigenständiges Arbeiten gewohnt", sondern untermauern Sie diese Aussagen. Nennen Sie die konkreten Bedingungen, unter denen Sie bisher diese Fähigkeiten einsetzen konnten, z. B. „Ich habe vier Jahre lang eigenständig ... bearbeitet" oder „Organisatorische Fähigkeiten konnte ich bei ... unter Beweis stellen".
Auch die Wortwahl ist wichtig, um sich selbst ins rechte Licht zu rücken und das Interesse des Lesers zu wecken.
Verwenden Sie für die Beschreibung Ihrer Arbeit Adjektive wie „umfassend, selbstständig, verantwortlich, erfolgreich, erfahren", für die ausgeführten Aufgaben Worte wie „anspruchsvoll, komplex, wichtig, innovativ, verantwortungsvoll".

Fazit ziehen Zum Abschluss des Anschreibens können Sie das Unternehmen vorsichtig loben oder suggerieren, dass eine Zusammenarbeit mit Ihnen ein Gewinn ist. Signalisieren Sie nochmals Ihr Interesse und Ihre Bereitschaft zu einem persönlichen Gespräch. Falls Sie sich in ungekündigter

Stellung befinden, können Sie an dieser Stelle um eine vertrauliche Behandlung Ihrer Bewerbung bitten.

Beispiele: Schlussformulierungen

„Ihr Angebot hat mich sehr angesprochen. Über eine Einladung zu einem persönlichen Gespräch würde ich mich daher sehr freuen."

„Ich freue mich, von Ihnen zu hören, und bitte um eine vertrauliche Behandlung dieser Bewerbung."

„Ich bin sicher, dass ich Ihnen den Aufgaben entsprechende Kenntnisse und Erfahrungen bieten kann. Wenn Sie diese Einschätzung teilen, freue ich mich über eine Einladung zu einem persönlichen Gespräch."

„Ich würde mich sehr gerne und mit großen Interesse der von Ihnen beschriebenen Aufgabe widmen. Ich danke Ihnen für Ihre Aufmerksamkeit."

„Mir liegt sehr an einer Mitarbeit in Ihrem Unternehmen. Über eine positive Antwort würde ich mich daher sehr freuen."

Extra: Umgang mit heiklen Themen Es kann sinnvoll sein, auch Unangenehmes kurz zu benennen. Solche heiklen Punkte sind beispielsweise die Arbeitslosigkeit, aber auch ein häufiger Stellenwechsel (wird als Instabilität gewertet), ein seltener Stellenwechsel (gilt als nicht dynamisch) oder fehlende Qualifikationen gehören dazu. Der Empfänger Ihrer Bewerbung wird diese Schwachstellen mit geschultem Auge schnell erkennen und sich fragen, was das in Ihrem Fall zu bedeuten hat.
Bevor er sich diese Frage selbst (womöglich falsch) beantwortet, sollten Sie selbst dafür sorgen, dass man Ihnen diese Punkte nicht von vornherein zum Nachteil auslegt.

- Seltener Stellenwechsel

Wenn Sie seit 20 Jahren in ein und demselben Betrieb tätig waren, können Sie beispielsweise kurz formulieren, dass diese Zeit mit einem Erfahrungszuwachs verbunden war: durch Weiterbildung, Karriereaufstieg, Erweiterung des Aufgabengebietes, Wechsel innerhalb der Firma o. Ä.

- Häufiger Stellenwechsel

Mit etwas Geschick lässt sich ein häufiger Stellenwechsel (als häufig gilt alle zwei bis drei Jahre) als besonders vielseitige Berufserfahrung darstellen. Weisen Sie darauf hin, wenn es unfreiwillige Wechsel waren (Betriebsschließungen, Umstrukturierung, Umzug mit der Familie usw.).

- Arbeitslosigkeit

Obwohl Arbeitslosigkeit kein Hinweis auf mangelnden Leistungswillen ist, wird dies doch häufig von Arbeitgebern bewusst oder unbewusst so bewertet. Vermeiden Sie daher möglichst das Wort „arbeitslos". Schreiben Sie auch nicht „Ich wurde entlassen" oder „Mir wurde gekündigt", sondern formulieren Sie es indirekt und unpersönlich: „Die Abteilung wurde aufgelöst", „Der Betrieb ging in Konkurs", „Mein Aufgabengebiet entfiel nach einer Umstrukturierung". Es ist gut, wenn Sie (im Anschreiben oder Lebenslauf) erwähnen können, dass Sie die Zeit zu nutzen wissen, um sich weiterzubilden, frei zu arbeiten, ein Ehrenamt auszuüben o. Ä.

- Fehlende Qualifikationen

Wenn in der Anzeige Anforderungen genannt sind, über die Sie nicht verfügen, machen Sie deutlich, dass Sie sich das fehlende Wissen schnell aneignen werden. Formulieren Sie es positiv. Schreiben Sie nicht „Mit dem Computerprogramm Excel habe ich noch nicht gearbeitet", sondern „Ich bin PC-erfahren und beherrsche Word für Windows und Starwriter. Meine Kenntnisse in Excel frische ich zur Zeit in Abendkursen auf." Nicht: „Meine Französischkenntnisse sind nicht so gut", sondern besser: „In Französisch verfüge ich über ausbaufähige Grundkenntnisse".

- Ihr Alter

Natürlich wird manch ein Arbeitgeber Ihr nicht mehr jugendliches Alter als Manko empfinden. Dieses Thema sollten Sie jedoch im Bewerbungsschreiben nicht zur Sprache bringen. Sätze wie „Ich bin zwar schon 51, aber immer noch sehr leistungsfähig" sind völlig unnötig. Sie werten sich damit selber ab. Überlassen Sie die Bewertung dem Empfänger. Der Umfang Ihrer Erfahrungen und Praxiskenntnisse spricht schließlich für sich!

Beispiele: Initiativ-/Blindbewerbung

Gerhard Grauhoff
Am Gondelteich 15
60439 Frankfurt am Main
Tel: (0 69) 45 83 22

Gerhard Grauhoff Am Gondelteich 15 60439 Frankfurt

Data Electronic GmH
Herr Thomas Schmidt
Rudolf-Diesel-Str. 64

76164 Karlsruhe

Frankfurt, 20. Juli 1999

Bewerbung für den Bereich „Einkauf"
Unser Telefonat vom 12.7.1999

Sehr geehrter Herr Schmidt,

vielen Dank für das informative Telefongespräch. Wie besprochen möchte ich mich Ihnen auch schriftlich vorstellen.

Als Betriebswirt mit 19 Jahren Berufserfahrung in internationalem Umfeld verfüge ich über gute Voraussetzungen, um auch anspruchsvolle Aufgaben zu bewältigen. Ich kann Ihnen umfassende Erfahrung im Lieferanten- und Supply-Management bieten. Insbesondere folgende Fakten dürften für Sie von Interesse sein:
- Produktions- und Projekteinkauf, EK-Volumen 110 Mio. DM
- Internationale Beschaffungsmärkte, Europa und Asien
- Produktkenntnisse aus Elektro-, Feinwerktechnik, Metallverarbeitung
- EDV-Erfahrung mit SAP R/3 und anderen Systemen

Ich bin es gewohnt, mich auf internationalem Terrain zu bewegen, und beherrsche die englische Sprache verhandlungssicher. Mein Arbeitsstil ist durch eine pragmatische Vorgehensweise und klare Ziel- und Ergebnisorientierung geprägt. Ein hohes persönliches Engagement ist für mich selbstverständlich.

Für weitere Informationen stehe ich Ihnen gerne zu einem persönlichen Gespräch zur Verfügung.

Mit freundlichen Grüßen

Anlagen

Kurzbewerbung

Herbert Kastner

Hasensprung 4
40089 Düsseldorf
Tel.: (0211) 983688

Wakol & Partner
Herr Paul Anselm
Resser Weg 14
45699 Herten

3. Juli 1999

Diplom-Kaufmann sucht neue Position als Controller

Sehr geehrter Herr Anselm,

suchen Sie den Mitarbeiter, der sich nicht nur als Angestellter versteht, sondern persönliches Engagement als wichtigen Erfolgsfaktor einbringen und Mitverantwortung für den Unternehmenserfolg übernehmen kann?

Falls Sie diese Frage mit Ja beantworten, biete ich Ihnen exzellentes Know-how und internationale Erfahrung im kaufmännischen Geschäftsführungsbereich. Hier mein Kurzprofil:

Alter:	49 Jahre
Erfahrung:	über 19 Jahre Berufserfahrung als Controller, kaufmännischer Leiter in nationalem als auch internationalem Konzern (u. a. Markenartikel), Führungskompetenzen.
Erfolge:	nachweisbare, überdurchschnittliche Ergebnisse im Bereich EDV-Organisation, Logistik, kaufmännische Führung, Restructuring
Sprachen:	sehr gute Englischkennisse, gute Spanischkenntnisse
Ziel:	neue Herausforderung mit klarer Ergebnisorientierung im kaufmännischen Geschäftsführungsbereich

Wenn Sie jetzt oder in Zukunft eine Möglichkeit für mich in Ihrem Unternehmen sehen, sende ich Ihnen gerne meine vollständigen Bewerbungsunterlagen zu. Auch zu einem persönlichen Gespräch bin ich gerne bereit.

Mit herzlichen Grüßen

Anlagen

Bewerbung auf eine Stellenanzeige

Heide Kampmann
Otto-Hahn-Str. 15 58256 Ennepetal Tel.: (0 23 33) 22 95 30

Drabel Möbel GmbH
Herr Kempf
Industriestr.

44137 Dortmund

Ennepetal, 5. Mai 1999

Ihre Anzeige „Personalsachbearbeiter/in"

Sehr geehrter Herr Kempf,

Ihr Angebot in der Rheinischen Post (22.4.99) interessiert mich sehr. Den Anforderungen, die Sie in Ihrer Anzeige nennen, kann ich aufgrund meiner 15-jährigen Berufserfahrung im Personalwesen weitgehend entsprechen. Bitte urteilen Sie selbst.

Lohn- und Gehaltsabrechnung: Zu meiner derzeitigen Aufgabe bei der Zander Aluminium-Veredelung GmbH gehört die selbstständige Berechnung und Zahlbarmachung der Vergütungen und Löhne sowie die zugehörigen Personalverwaltungstätigkeiten. Umfassende Kenntnisse im Lohnsteuer- und Sozialversicherungsrecht sind vorhanden.

Mitarbeiterbetreuung: Meine bisherige Tätigkeit war mit regem Publikumsverkehr verbunden, sodass mir ein jederzeit verbindliches und entgegenkommendes Auftreten gegenüber den Beschäftigten eine Selbstverständlichkeit ist.

EDV-Kenntnisse: Ich beherrsche Word für Window und Excel. Mit dem Personalabrechnungsverfahren SAP habe ich bisher nicht gearbeitet, traue mir aber eine schnelle Einarbeitung zu, z.B. durch einen Kurs an der Astra Akademie.

Meine Tätigkeit bei Ihnen könnte ich zum 1. Juli d. J. beginnen. Ich würde mich freuen, wenn Sie mich zu einem Vorstellungsgespräch einladen. Bitte behandeln Sie diese Bewerbung vertraulich.

Mit herzlichen Grüßen

Anlagen

- Gehaltswunsch

Auf die Gehaltsfrage sollten Sie in Ihrem Anschreiben überhaupt nur dann eingehen, wenn es ausdrücklich gefordert ist. Dabei ist Vorsicht geboten, denn die Angabe eines Gehaltswunsches kann zu einem Ausschlusskriterium werden, wenn Sie zu hoch liegen. Empfehlenswert ist daher eine Formulierung wie „Meine Gehaltsvorstellungen möchte ich persönlich erläutern". So halten Sie sich alle Optionen offen.

Ihre Daten in Bestform: der Lebenslauf

Neben dem Anschreiben ist der Lebenslauf das aussagekräftigste Dokument in Ihren Bewerbungsunterlagen. Er gibt Auskunft über Ihren beruflichen Werdegang und besonderen Kenntnisse und dient dem Empfänger maßgeblich zur Einschätzung Ihrer fachlichen Eignung.

Üblich ist ein so genannter *tabellarischer Lebenslauf,* der mit Maschine oder PC geschrieben und chronologisch aufgebaut ist. Wegen der Übersichtlichkeit wird der Lebenslauf in tabellarischer Form von den Arbeitgebern dem ausformulierten oder gar dem handschriftlichen Lebenslauf vorgezogen und in der Regel auch erwartet. Richten Sie sich danach und legen Sie einen Lebenslauf in Aufsatzform nur dann bei, wenn es ausdrücklich verlangt worden ist.

Bevor Sie sich Ihren Lebenslauf aufsetzen, sollten Sie sich bewusst machen, worauf die Empfänger besonders achten. Personalfachleute bewerten einen Lebenslauf insbesondere nach folgenden Gesichtspunkten:

- Der Gesamteindruck

Wie ist die äußere Form zu bewerten? Hat der Bewerber die wesentlichen Informationen seines Werdegangs erfasst, logisch gegliedert und in übersichtlicher Form zusammengestellt? Entsprechen die Kenntnisse und Erfahrungen im wesentlichen dem Anforderungsprofil?

- Die zeitliche Abfolge

Wie stellt sich der Ablauf des beruflichen Werdeganges dar? Gab es häufige Wechsel (gilt als Sprunghaftigkeit) der Arbeitsstellen oder hat der Bewerber nur sehr selten gewechselt (könnte auf mangelnde Flexibilität hindeuten)? Gab es Zeiten der Arbeitslosigkeit? Stimmen die Angaben mit den Daten in den Zeugnissen überein? Weist der Lebenslauf zeitliche Lücken auf, die eventuell darauf schließen lassen, dass der Bewerber etwas zu verbergen hat?

- Die berufliche Qualifikation

Verlief der Berufsweg schlüssig und geradlinig oder wurden Berufsrichtungen gewechselt. Lässt der Werdegang darauf schließen, dass der Bewerber konsequent und zielgerichtet vorgeht oder erweckt der Lebenslauf eher den Eindruck von Zufälligkeit und Planlosigkeit? Lässt sich ein roter Faden erkennen?

Geübte Personalverantwortliche entdecken sehr schnell die „Haken" des jeweiligen Lebenslaufes. Niemand sollte versuchen, die eigenen Daten zu verfälschen oder längere beschäftigungslose Zeiten einfach wegzulassen. Spätestens wenn die Daten auf den Zeugnissen überprüft werden, fallen Unstimmigkeiten auf. Haben Sie sich einen derartigen Fehler geleistet, kann das sehr schnell dazu führen, dass man das Interesse an Ihrer Bewerbung verliert und sie aussortiert.

Für das Verfassen Ihres Lebenslaufes sollten Sie sich unbedingt an diese Grundregeln halten. Er sollte

- der Wahrheit entsprechen,
- vollständig sein, d. h. alle erforderlichen Daten und Ihre beruflichen Stationen enthalten,
- übersichtlich und schlüssig aufgebaut sein,
- und keine größeren zeitlichen Lücken enthalten.

Darüber hinaus bleibt Ihnen genügend Gestaltungsspielraum, um sich selbst ins rechte Licht zu rücken und Ihre wesentlichen Qualitäten – sei es durch die Gewichtung der Informationen, sei es durch die optische Aufmachung – deutlich zu machen.

Man darf und sollte auch mit dem Lebenslauf Werbung für sich und seine Arbeitskraft betreiben. Es ist daher sinnvoll, wenn Sie den Lebenslauf – genau wie das Anschreiben – jeweils für Unternehmen und die angestrebte Position „passend machen".

UNSER TIPP

Verfassen Sie zunächst – am besten am PC – einen umfassenden Lebenslauf, in dem Sie möglichst genau und detailliert alles auflisten, was Ihren bisherigen Werdegang und Ihre beruflichen Erfahrungen ausmacht. Diesen Lebenslauf können Sie anschließend als Grundlage für jede Bewerbung verwenden, indem Sie ihn entsprechend der angestrebten Position abwandeln und die Schwerpunkte verändern.

Der Aufbau des Lebenslaufs Inhaltlich sollten Sie bei der Abfassung Ihres Lebenslaufs die folgenden Schwerpunkte berücksichtigen, die auch als Grundschema für die Gliederung dienen können.

Persönliche Daten: Unbedingt in den Lebenslauf gehören: Name, Anschrift, Geburtsdatum und Geburtsort. Weitere Angaben zu Ihrer Person sind möglich, aber nicht unbedingt erforderlich. Es liegt in Ihrem Ermessen, ob Sie Ihren Familienstand und die Zahl der Kinder nennen möchten. Auch Ihre Religionszugehörigkeit brauchen Sie nicht anzuführen, es sei denn Sie bewerben sich bei einer kirchlichen Institution. Die Nennung Ihrer Staatsangehörigkeit ist nur dann sinnvoll, wenn es nicht die deutsche ist.

Schule und Ausbildung: Da Sie bereits auf eine längere Zeit der Berufstätigkeit zurückblicken können und Schule und Ausbildung lange zurückliegen, sollten Sie nur kurz und Platz sparend darauf eingehen. Die Grundschule führen Sie am besten gar nicht mehr auf, von Interesse sind nur noch die weiterführenden Schulen und Ausbildungsstätten. Es ist völlig ausreichend, wenn Sie folgende Angaben machen (jeweils mit den Daten des Ein- und Austritts).

- Schule: Schultyp, Abschluss
- Ausbildung: Art der Ausbildung
- Studium: Studienort und Studienfächer, Art des Abschlusses, evtl. Titel

Berufliche Praxis: Die beruflichen Erfahrungen sind bei Bewerbern, die bereits auf eine längere Berufserfahrung zurückblicken können, für den Arbeitgeber von besonderem Interesse. Aus den Angaben versucht er zu schließen, ob Ihr Qualifikationsstand der zu besetzenden Position entspricht. Sie sollten diesen Teil des Lebenslaufes daher mit besonderer Sorgfalt zusammenstellen, um kein Erfolg versprechendes Argument auszulassen. Neben den Grunddaten (Name und Ort des Arbeitgebers, Zeitraum der Beschäftigung, Art der Tätigkeit) können Sie in der gebotenen Knappheit weitere Informationen ergänzen, um Ihre berufliche Entwicklung zu verdeutlichen, beispielsweise:

- Funktion, Position, Vollmachten
- Beförderungen, Ernennungen, Auszeichnungen
- Verantwortungsbereich, fachliche Schwerpunkte, Hauptaufgabengebiete
- Hauptaufgabengebiete der derzeitigen Tätigkeit, wenn hierzu kein Zeugnis vorgelegt werden kann

Zusatzqualifikationen: Arbeitgeber schätzen Mitarbeiter, die über die Bereitschaft zur Verbesserung ihrer beruflichen Qualifikationen verfügen. Wer hier angeben kann, dass er an berufsspezifischen Lehrgängen, Seminaren oder Kursen teilgenommen hat, sammelt Pluspunkte. Nennen Sie jeweils die Art sowie den Veranstalter mit Ort und Dauer der Weiterbildung. Sie sollten jedoch nur solche Fortbildungsmaßnahmen aufführen, die einen konkreten Zusammenhang mit Ihrem Beruf erkennen lassen bzw. zu beruflich verwertbaren neuen Kenntnissen geführt haben. Auch Weiterbildungen in fachlich angrenzenden Gebieten können dazu zählen. Sollten Sie beispielsweise als Naturwissenschaftler in Abendkursen eine betriebswirtschaftliche Zusatzqualifikation erworben haben, wird das mit Sicherheit gern gesehen.

Besondere Kenntnisse und Fähigkeiten: Unter dieser Rubrik können Sie solche Kenntnisse aufführen, die über das rein Fachliche hinaus für den Arbeitgeber von Interesse sind und ihm einen erkennbaren Nutzen bieten. Dazu gehören beispielsweise bestimmte Sprachkenntnisse oder die Beherrschung verschiedener Softwareprogramme. Oder verfügen Sie als Journalist über fotografisches Know-how? Auch solche Fähigkeiten können Sie anführen.
Welche Kenntnisse können in Ihrem persönlichen Fall Ihre Eignung als neuer Mitarbeiter unterstreichen?

Es geht im Wesentlichen um

- Fremdsprachen (mit Beherrschungsgrad: Grundkenntnisse, fließend in Wort und Schrift, verhandlungssicher)
- Computerkenntnisse (aufgeschlüsselt nach einzelnen Programmen)
- Führerschein
- längere Auslandsaufenthalte
- Kenntnis bestimmter Maschinen, Produktionsverfahren und Techniken
- Veröffentlichungen

Hobbys und Interessen: Ihre Hobbys sind eindeutig Ihre Privatsache. Es kann zwar nicht schaden, wenn Sie Lesen und Radfahren als Freizeitbeschäftigungen angeben, doch es bringt auch keinen Nutzen. Je nachdem, welche Hobbys Sie angeben, erwecken Sie sogar eher einen negativen Eindruck. Leistungssport gilt wegen der Verletzungsgefahr beispielsweise als problematisch. Der Vorsitz im Tennisverein ist möglicherweise ein Pluspunkt im Lebenslauf, die Parteizugehörigkeit sollten Sie hingegen lieber für sich behalten. Sie sehen, es gilt hier gut abzuwägen, was man angeben möchte. Wenn Sie nicht private Interessen haben, die sich erkennbar positiv auf Ihren Beruf auswirken, sollten Sie überlegen, ob Sie diese Rubrik überhaupt in Ihren Lebenslauf aufnehmen.

UNSER TIPP

Vergessen Sie nicht, den Lebenslauf mit Datum und Ihrer Unterschrift zu versehen. Das Datum muss der Angabe auf Ihren Anschreiben entsprechen. Eine Grußformel ist nicht üblich.

Extra: Schwachstellen im Lebenslauf Wie soll man mit Schwachstellen im Lebenslauf umgehen? Was tun, wenn längere Krankheitszeiten, eine Kündigung in der Probezeit, Zeiten der Arbeitslosigkeit dazu geführt haben, dass zwischen den einzelnen beruflichen Stationen Ausfallzeiten entstanden sind? Diese Frage ist nicht einfach zu beantworten und es gehören ein wenig Kreativität und Fingerspitzengefühl dazu, mit solchen „Schlenkern" im Lebenslauf umzugehen.
Manche kleinere Unebenheit, die nicht so gut ins Bild passt, können Sie einfach weglassen, aber nur, wenn dadurch keine zeitliche Lücke im Lebens-

lauf entsteht. Man kann sich damit behelfen, dass man etwas pauschalere Datumsangaben wählt. Zwischen dem Zeitraum 1983–1986 und dem anschließenden 1986–1993 kann sich durchaus eine Ausfallzeit von mehreren Monaten verbergen.
Man sollte sich jedoch immer darüber im Klaren sein, dass die Arbeitszeugnisse eine gewisse Kontrollmöglichkeit bieten und aufmerksame Leser solche Tricks schnell durchschauen. Ungereimtheiten dieser Art ziehen mit Sicherheit Fragen im Vorstellungsgespräch nach sich, wenn sie nicht sogar dazu führen, dass man Ihre Bewerbung sofort aussortiert, namentlich dann, wenn man in Ihrer Darstellung eine Täuschungsabsicht vermutet.
Besser stehen Sie da, wenn Sie Ausfallzeiten offen angeben und vernünftig erklären, z. B. „Durch einen schweren Autounfall konnte ich in diesem Zeitraum keiner geregelten Arbeit nachgehen". Haben Sie eine Arbeit unverschuldet verloren, sollten Sie das unbedingt erwähnen, z.B. „arbeitssuchend nach betriebsbedingter Kündigung". Wichtig ist, dass Sie sich bei den weniger positiven Schlenkern in Ihrem Lebenslauf knapp fassen und zum Ausgleich die positiven Aspekte stärker hervorheben, besonders jene, die Ihre Eignung für die ausgeschriebene Position unterstreichen.
Wenn Sie längere Zeit aus dem Arbeitsleben ausgeschieden sind, sei es durch Arbeitslosigkeit, sei es durch Kindererziehungszeiten, macht es sich immer gut, wenn Sie belegen können, dass Sie die Lücke durch berufsbezogene Aktivitäten, z. B. durch Fortbildungskurse, ehrenamtliche Tätigkeiten, freie Mitarbeit oder 630-Marks-Jobs, durch Studium von Fachliteratur oder Beschäftigung mit Computerprogrammen, ausgefüllt haben. Die meisten Arbeitgeber wissen es zu würdigen, wenn Sie aktiv geworden sind und die Ausfallzeit genutzt haben. Dieses Vorgehen ist dann besonders zu empfehlen, wenn Sie sich aus einer längeren Arbeitslosigkeit heraus bewerben. Lassen Sie bei dem Arbeitgeber keinesfalls den Verdacht entstehen, dass Sie bereits seit mehr als einem Jahr untätig zu Hause sitzen.

Die formale Gestaltung des Lebenslaufes Bei der Beurteilung des Lebenslaufes zählt nicht nur der Inhalt, sondern auch die äußere Form. Ihre Daten sollten so gestaltet sein, dass der Leser mit einem Blick das Wesentliche erfassen kann. Mit einer guten Schreibmaschine oder einem PC sollte Ihnen darüber hinaus eine gefällige und ansprechende Gestaltung gelingen.

Grundsätzlich soll der Lebenslauf Ihre Daten *chronologisch* wiedergeben. Sie können ihn durch Zwischenüberschriften nach Sachgruppen (Schul- und Ausbildung, Berufliche Praxis, ...) gliedern und in eine übersichtliche Form bringen. Normalerweise beginnt ein Lebenslauf mit der Schulbildung und führt die Ereignisse von dort aus bis in die Gegenwart fort. Haben Sie als Bewerber über 40 bereits etliche berufliche Stationen durchlaufen oder sehr viel Berufserfahrung, die Sie aufführen möchten, ist die *umgekehrte Reihenfolge* empfehlenswert. Der Lebenslauf in Rückwärtschronologie beginnt mit dem heutigen Datum und folgt dem Ablauf zurück. Bei dieser Variante nennen Sie also Ihre derzeitige berufliche Position zuerst und Ihre Schulzeit zuletzt. So fällt der Blick des Lesers nicht zuerst auf Ihren Lehrberuf, den Sie möglicherweise seit 20 Jahren nicht mehr ausüben. Diese Form mag Ihnen zunächst ungewöhnlich vorkommen, sie hat aber den entscheidenden Vorteil, dem Interesse des Arbeitgebers entgegen zu kommen, der zuerst wissen möchte, was Sie zuletzt gemacht haben. In Amerika und England ist diese Form des Lebenslaufes schon seit langem üblich.

Lebenslauf

Foto

Daten zur Person

Doris Kettner
geboren am 12.07.1950
verheiratet, ein Kind

Berufserfahrung

1992–heute	Heggemann GmbH, Bochum Gebietsleiterin Aufgaben: Vertrieb, Bereich Bürobedarf, Umsatz- und Budgetverantwortung, Auslandsreisen, Messeteilnahmen
1987–1992	Brokamp GmbH & Co. KG, Essen Mitarbeiterin Vertrieb Aufgaben: Vertrieb, Bereich Verpackungen, Büroartikel, Kundenbetreuung, Akquisition von Neukunden, Konzeption von Marketingstrategien.

1981–1987	Sohlberg GmbH, Düsseldorf Vertriebs-Sachbearbeiterin Aufgaben: Verkauf im Werbegroßhandel, Kundenbetreuung, Marktbeobachtung, Messeausrichtung
während dieser Zeit:	1983–1984 Erziehungsurlaub, 1984–1987 teilzeitbeschäftigt
1977–1981	Begros Fachgroßhandel Haustechnik, Mainz Sachbearbeiterin Verkauf und Kalkulation

Weiterbildung

1990–heute	Fernstudium an der Fernuniversität Hagen, Fachrichtung „Wirtschaftswissenschaft“
1986–1987	Abendkurs Spanisch, Berlitz-Sprachenschule
1985	Präsentation und Projektvorstellung, 1-wöchiges Seminar, ÖVHP Consulting GmbH, Bonn
1981–1982	Ausbildung zum Marketing- und Vertriebsökonom an der VWA Verwaltungs- und Wirtschafts-Akademie, Essen

Schul- und Berufsausbildung

1974–1977	Ausbildung zum Groß- und Außenhandelskaufmann bei Begros Fachgroßhandel Haustechnik, Mainz
1957–1974	Grundschule und Gymnasium mit Abschluss Abitur in Wiesbaden

Sprachkenntnisse:	Englisch verhandlungssicher Französisch,Grundkenntnisse Spanisch, Grundkenntnisse
EDV-Kenntnisse:	MS-Office-Anwendungen: Textverarbeitung, Tabellenkalkulation, Präsentationsgrafik
Sonstiges:	Führerschein Klasse 3
Hobbys:	Reisen und Fotografieren, Joggen und Schwimmen

Essen, 15. August 1999

Unterschrift

Foto

rolf lehmann
architekt
geb. am 7.10.1947

beruflicher werdegang

seit 1994	IVC Liegenschaftsgesellschaft mbH, Berlin Projektmanager Verantwortliche Koordinierung von Konzepten bis zur Objektübergabe, einschl. der Kostenkalkulation und Wirtschaftlichkeitsberechnung
1988–1994	Selection Consultants, Düsseldorf Bauingenieur Entwicklung/Innovation Gewerbebau Umsetzung innovativer Architekturkonzepte in die Ausführungsplanung mit Budgetverantwortung, interne und externe Qualitätssicherung
1983–1988	Kaufmann Gesamtplan GmbH, Ratingen Architekt, ab 1985 als Projektleiter Planung und technische Detailentwicklung sowie Durchführung von Detailplanungen im Bereich Industrie- und Gewerbebau, Budgetverantwortung
1979–1983	Stahlbau AG, Essen Bauleiter für Großprojekte im Schul- und Verwaltungsbau, Leistungsphasen 5–9 HOAI

schule und ausbildung

1975–1979	Studium der Architektur an der Fachhochschule Dortmund
1972–1974	Zivildienst
1969–1972	Ausbildung zum Bauzeichner, Düsseldorf
1967–1969	Fachoberschule für Technik, Düsseldorf
1958–1966	Realschule, Düsseldorf

besondere kenntnisse

Schall- und Wärmeschutz	seit 1992 staatlich anerkannter Sachverständiger für Schall- und Wärmeschutz
EDV	MS-Office-Anwendungen, CAD-Kenntnisse (Nementschek AllPlan FT), Nementschek Allright, Auto-CAD, Microstation
Fotografie	gute praktische Kenntnisse, Mittelformatkamera vorhanden, Erfahrung in der s/w-Ent wicklung
Sprachen	Englisch gut Französischkenntnisse ausbaufähig

Berlin, 5. Juli 1999

Unterschrift

Was sonst noch in die Bewerbungsmappe gehört

Sie haben das Anschreiben verfasst und einen Lebenslauf aufgesetzt. Jetzt geht es darum, die übrigen notwendigen Anlagen inklusive Bewerbungsfoto zusammenzustellen. Auch hier ist die einwandfreie, gute Qualität der Unterlagen (z. B. ohne Knicke und Flecke) oberstes Gebot.

Das Bewerbungsfoto Die Bedeutung des Fotos wird von vielen Bewerbern stark unterschätzt. Tatsache ist jedoch, dass sich die Empfänger bei Bewerbungen häufig zuerst das Foto ansehen, um sich „ein Bild zu machen" und erst dann mit dem Lesen des Anschreibens beginnen. Da Sie mit Ihren Unterlagen für sich und Ihre Arbeitskraft werben möchten: Sorgen Sie dafür, dass dieser erste Eindruck positiv ausfällt. Das Foto sollte ein möglichst günstiges und natürliches Bild von Ihnen vermitteln, es muss darüber hinaus aktuell und qualitativ einwandfrei sein. Automatenbilder und private Aufnahmen sind grundsätzlich nicht geeignet. Auch wenn Sie noch ein Passfoto vom Vorjahr in der Schublade liegen haben, auf dem Sie sich selbst ganz gut getroffen finden, bedenken Sie, ob sich an Ihrem Äußeren in der Zwischenzeit etwas verändert hat, z. B. durch eine neue Brille oder eine andere Frisur.

Lassen Sie also auf jeden Fall ein neues Foto machen und gehen Sie zu diesem Zweck zu einem guten Fotografen, der Menschen vorteilhaft ins Bild zu rücken versteht. Ein Berufsfotograf wird in der Regel auch mehrere Fotos zur Auswahl machen, sodass Sie anschließend das beste aussuchen können. Beziehen Sie eventuell Ihre Familie in die Entscheidung mit ein, wenn Sie sich nicht sicher sind, auf welchem Foto Sie am sympathischsten wirken. Im Übrigen lohnt sich der Gang zum Fotografen schon deshalb, weil Sie für Ihre Bewerbungsaktion sicherlich mehr als 4 Polaroidfotos benötigen. So können Sie das gelungenste Foto in unbegrenzter Anzahl nachbestellen.

Ob Sie ein Schwarzweiß- oder ein Farbfoto wählen, bleibt Ihrem persönlichen Geschmack überlassen. Gängiger ist heute allerdings das Farbfoto. Üblich ist ein Format von ca. 4,5 x 6 cm, auf dem nur Kopf, Hals und eventuell die Schultern zu sehen sein sollten. Sie können selbst zu einem gelungenen Bild beitragen, indem Sie für eine gepflegte, dem Beruf angemessene äußere Erscheinung sorgen und möglichst ausgeschlafen zum Fototermin gehen.

Das Bewerbungsfoto wird in der Regel oben rechts auf den Lebenslauf aufgeklebt. Beschriften Sie das Foto vorher auf der Rückseite mit Ihrem Namen, damit es Ihren Unterlagen zugeordnet werden kann, falls es sich gelöst hat.

Zeugniskopien Ihre Zeugnisse dienen dem Arbeitgeber als Nachweis für die im Lebenslauf aufgeführten Daten und geben darüber hinaus weitere Auskunft über Ihre Kenntnisse, Erfahrungen und Tätigkeitsbereiche. Sie werden nach Sachgruppen (Fortbildungen, Ausbildungsnachweise, Arbeitszeugnisse) den Bewerbungsunterlagen beigelegt und jeweils chronologisch geordnet.

Üblich ist die umgekehrt chronologische Reihenfolge, d. h. das neueste Zeugnis sollte obenauf liegen.

Prinzipiell ist es notwendig, alle beruflichen Stationen mit einem Arbeitszeugnis zu dokumentieren. Falls Sie von Ihrem jetzigen Arbeitgeber noch kein Zeugnis vorlegen können, sollten Sie ihn um ein Zwischenzeugnis bitten. Ihr Arbeitgeber soll nichts von Ihren Bewerbungen erfahren? In diesem Fall empfiehlt es sich, eine Tätigkeitsbeschreibung der derzeitigen Position auf einem Extra-Blatt beizulegen. Denn die zuletzt ausgeübte Tätigkeit ist für den Arbeitgeber die wichtigste, um Ihre fachlichen Fähigkeiten und Kenntnisse einzuschätzen. Ein qualifiziertes Zeugnis müssen Sie – falls Sie eingestellt werden – natürlich noch nachreichen.
Aus- und Fortbildungszeugnisse sollten Sie mit Bedacht auswählen. Das Schulabschlusszeugnis ist für die Einschätzung eines berufserfahrenen Bewerbers sicherlich nicht mehr von Bedeutung und braucht nicht beigelegt zu werden. Sie können es bei der Kopie Ihres Ausbildungsabschlusses bzw. Ihres Examens- oder Diplomzeugnisses bewenden lassen. Dabei genügt ein Nachweis des höchsterreichten Abschlusses (z. B. Examenszeugnis). Von größerem Interesse für den Empfänger sind Nachweise berufsbezogener Weiterbildungen, wie Sprachzeugnisse, Kongressteilnahmebescheinigungen, Zeugnisse von Lehrgängen usw. Legen Sie nur solche Nachweise bei, die Ihre Bewerbung inhaltlich aufwerten. Das VHS-Zertifikat in Maschinenschreiben, das Sie vor 15 Jahren erworben haben, hat in Ihrer Bewerbung beispielsweise nichts mehr zu suchen.
Generell gilt: Versenden Sie niemals Originale, sondern ausschließlich Kopien!

Weitere Anlagen und Angaben Neben den Zeugnissen und Bescheinigungen können weitere Anlagen eine ergänzende Funktion einnehmen. Im Regelfall brauchen Sie weiteres nur beilegen, wenn dies von dem Unternehmen ausdrücklich verlangt ist.
Folgende Angaben werden von Zeit zu Zeit erbeten:

- Referenzen

Referenzen – die Angabe von Personen, die bereit sind, Auskunft über Sie zu erteilen – werden selten verlangt, können Ihrer Bewerbung jedoch durchaus Gewicht verleihen, wenn es sich bei den angegebenen Personen um ehemalige Vorgesetzte oder in der Branche anerkannte Persönlichkeiten handelt. Haben Sie solche Fürsprecher? Überlegen Sie, ob Sie Namen und Adresse in Ihrer Bewerbung angeben möchten. Voraussetzung ist natürlich, dass Sie die entsprechenden Personen vorher informiert haben. Klären Sie ab, ob Ihre Referenzgeber wirklich bereit sind, jederzeit auf Anfrage positiv Auskunft über Ihre Arbeit und Persönlichkeit zu geben. Wenn Sie Ihre Fürsprecher nicht unnötig vielen Anfragen aussetzen wollen, können Sie in Ihrem Anschreiben zunächst darauf verweisen, dass Sie auf Nachfrage gerne Referenzen vorlegen können. Werden Sie dann explizit auf diese Referenzen angesprochen, ist das schon ein Zeichen für echtes Interesse an Ihrer Bewerbung. Nennen Sie jedoch nie mehr als zwei Personen; alles andere würde überheblich wirken.

- Handschriftenprobe

Die Probe einer Handschrift wird in der Regel nur dann erbeten, wenn sich das Unternehmen mit einem graphologischen Gutachten ein Bild von den Eigenschaften des Bewerbers verschaffen will. Meist wird in diesen Fällen um einen handgeschriebenen Lebenslauf gebeten, der aber mehr oder weniger nur als Schriftprobe dient. Dabei kann es sich dann tatsächlich um die Wiedergabe Ihres Werdeganges handeln, aber Sie können genauso gut ein paar Sätze zu Ihren wichtigsten beruflichen Stationen oder fachlichen Stärken aufschreiben. Verzichten Sie also keinesfalls auf den tabellarischen Lebenslauf.

- Arbeitsproben

In einigen kreativen Berufssparten ist es sinnvoll und üblich, Arbeitsproben einzureichen, beispielsweise bei Journalisten, Fotografen, Grafikern oder Werbefachleuten. Sie gehören jedoch nicht zu den normalen Beigaben einer Bewerbung. Wenn es nicht branchenüblich ist oder in der Stellenanzeige nicht ausdrücklich gefordert wird, dann sehen Sie davon ab, Arbeitsproben beizulegen. Haben Sie Interessantes vorzuzeigen, können Sie solche Proben Ihres Könnens zu einem Vorstellungsgespräch mitbringen und in einem persönlichen Gespräch als Nachweis Ihrer Fähigkeiten vorlegen.

Die Bewerbungsmappe Alle Unterlagen werden vor dem Versand ordentlich zusammengestellt und in eine Bewerbungsmappe geheftet. Bedenken Sie: Die Bewerbungsunterlagen sind vergleichbar mit einer Werbebroschüre für Ihre Person und tragen nicht unwesentlich zum Gesamteindruck Ihrer Unterlagen bei. Neben dem Inhalt kommt es auch auf das äußere Erscheinungsbild an. Wählen Sie also nicht gerade den billigsten

Schnellhefter, achten Sie auf gute und stabile Qualität. Im Handel sind auch spezielle Präsentationsmappen für Bewerbungen erhältlich. Eine ansprechende und individuelle Alternative können Sie mit einer Plastik-Klemmschiene herstellen, mit der sie Ihre Unterlagen zwischen zwei Deckkartons oder – wenn Sie Durchsicht wünschen – transparenten Plastikfolien zusammenheften.
Unhandlich und deshalb in fast allen Personalabteilungen unbeliebt ist die Methode, jede einzelne Seite in eine Klarsichtfolie zu verpacken. Vermeiden Sie auch besonders auffällige, „knallige" Farben bei der Bewerbungsmappe und farbige Beschriftungen.

UNSER TIPP

Eröffnen Sie Ihre Bewerbungsmappe mit einem persönlichen Deckblatt. So eine Titelseite bietet einen ansprechenden Einstieg in Ihre Bewerbung. Sie können Ihr Foto zusammen mit Name und Anschrift bereits auf dieser Seite anordnen. Auch eine Überschrift (z. B. „Bewerbung als Controller" oder „Bewerbungsunterlagen für die Babcom GmbH"") oder ein Inhaltsverzeichnis zur Bewerbungsmappe können hinzugefügt werden.

Üblicherweise werden die Bewerbungsunterlagen in der folgenden Reihenfolge zusammengestellt:

- Das Anschreiben wird nicht eingeheftet, sondern ungelocht obenauf gelegt. Es nimmt die Funktion eines Begleitschreibens für Ihre Bewerbungsmappe ein und verbleibt auf jeden Fall im Unternehmen. Alle anderen Unterlagen erhalten Sie im Falle einer Absage zurück.
- Lebenslauf mit oben rechts festgeklebtem Foto und ggf. der Handschriftprobe. Das Foto können Sie nach Wunsch auch auf dem Deckblatt oder einem Extrablatt aufkleben, das Sie dann hinter dem Lebenslauf einordnen.
- Kopien der Arbeitszeugnisse in chronologischer bzw. umgekehrt chronologischer Reihenfolge und des Ausbildungsabschlussnachweises.
- Bescheinigungen von Fortbildungsveranstaltungen, Seminaren und Kursen.
- Falls gewünscht: Arbeitsproben, Referenzen

Lesen Sie zum guten Schluss noch einmal Ihre selbst verfassten Texte durch und überprüfen Sie sie auf Fehler und unvollständige Angaben. Vergessen Sie nicht, die Bewerbungsunterlagen vor dem Versand zu kopieren, damit Sie später noch nachvollziehen können, welchem Adressaten Sie welche Unterlagen überlassen haben.

Der gelungene Auftritt: das Vorstellungsgespräch

Wenn Sie mit Ihrer schriftlichen Bewerbung überzeugen konnten, erhalten Sie eine Einladung zu einem Vorstellungsgespräch. Damit sind Sie Ihrem Ziel „neuer Arbeitsplatz" einen entscheidenden Schritt näher gekommen. Sie gehören bereits zum Kreis derjenigen Kandidaten, die man grundsätzlich für geeignet hält.

In dem nun folgenden persönlichen Gespräch geht es für Sie darum, diesen Eindruck zu untermauern und zu zeigen, dass Sie tatsächlich der oder die Richtige für die Stelle sind.

Aus der Sicht des Arbeitgebers dreht sich alles um die zentrale Frage: Passt der Bewerber zum Unternehmen? Dabei achtet er nicht nur auf die fachlichen Aspekte – die kennt er ja bereits aus Ihren Bewerbungsunterlagen – sondern vor allem auf Ihre Persönlichkeit. Er wird Ihr Auftreten, die äußere Erscheinung und Ausdrucksfähigkeit bewerten und sich durch geschickte Fragestellungen einen Eindruck davon verschaffen, ob Sie Einstellungskriterien wie Anpassungsfähigkeit, Motivation, Leistungsbereitschaft und Teamfähigkeit erfüllen. Dabei spielt auch immer das ganz persönliche Urteil (und die Tagesform) des Interviewers mit hinein, ob ihm der Bewerber sympathisch ist oder nicht.

Das Vorstellungsgespräch ist also für Sie als Bewerber eine entscheidende mündliche Testsituation, die jedoch gut vorbereitet werden kann.

Die vier folgenden Fragestellungen sind für eine effektive Vorbereitung von entscheidender Bedeutung:

- Wie läuft ein Vorstellungsgespräch ab?
- Mit welchen Fragen muss man rechnen?
- Welche Fragen sollte man selber stellen?
- Wie kann man sich im Gespräch optimal präsentieren?

Damit Sie diese letzte Hürde erfolgreich meistern, sollten Sie die Zeit vor dem Termin nutzen, um sich auf mögliche Themen und Inhalte vorzubereiten. So können Sie dem Vorstellungsgespräch gelassener entgegensehen und verfügen im Gespräch auch bei schwierigen Fragen über eine größere innere Sicherheit. Als gut vorbereiteter Bewerber sind Sie darüber hinaus besser in der Lage, dem Arbeitgeber darzustellen, welchen Nutzen er von Ihrer Mitarbeit hat.
Rechnen Sie nicht unbedingt damit, dass gleich das erste Gespräch erfolgreich verläuft. Meist bedarf es dazu einiger Übung, die ja bekanntlich den Meister macht.

UNSER TIPP

Es macht immer einen guten Eindruck, wenn Sie die Einladung zu einem Vorstellungsgespräch beantworten, sich kurz bedanken und den Termin bestätigen. Damit machen Sie gleichzeitig auch noch einmal Ihr Interesse an der Stelle deutlich und zeigen, dass Sie die Verabredung ernst nehmen. Ein Anruf genügt völlig. Wenn noch ausreichend Zeit bis zum Gesprächstermin bleibt, können Sie auch einen kurzen Brief schreiben.

Der Ablauf des Vorstellungsgespräches

Der Verlauf eines Bewerbungsgespräches ist nicht grundsätzlich festgelegt und abhängig von der Art und Größe des Unternehmens sowie der Bedeutung der infrage stehenden Position für das Unternehmen. In kleineren Unternehmen spricht der Bewerber in der Regel mit seinem zukünftigen Vorgesetzten, in Großunternehmen führen meist geschulte Personalverantwortliche und ein Vertreter der Geschäftsführung gemeinsam das Gespräch. Möglicherweise kommen noch weitere Teilnehmer hinzu, beispielsweise ein Vertreter des Betriebsrates oder der Leiter der Fachabteilung. Es kann also durchaus vorkommen, dass Sie als einzelner Bewerber einem fünfköpfigen Gremium gegenübersitzen.
So individuell verschieden wie die Gesprächsteilnehmer sind, kann auch das Gespräch verlaufen. Dennoch lassen sich mehrere Gesprächsphasen erwarten, die sich in der Praxis bewährt haben und für die Vorbereitung als Orientierung dienen können.

1. Begrüßung und Smalltalk Zu Beginn des Gespräches wird sich der Unternehmensvertreter in den meisten Fällen erst einmal darum bemühen, eine möglichst angenehme Gesprächsatmosphäre zu schaffen. Smalltalk zu unverfänglichen Themen wie das Wetter oder die Anfahrt dienen dazu, dem Bewerber die Nervosität zu nehmen. Für Sie geht es in dieser Phase vor allem darum, einen positiven ersten Eindruck zu vermitteln, indem Sie zu einem freundlichen Gesprächsbeginn beitragen. Lächeln Sie. Wenn man Ihnen Kaffee, Tee, Mineralwasser oder Saft anbietet, können Sie dankend akzeptieren, Alkohol und Zigaretten sollten Sie freundlich aber bestimmt ablehnen.

2. Selbstvorstellung des Bewerbers Rechnen Sie damit, dass man Sie bittet, sich selbst kurz vorzustellen und mit freien Worten den eigenen Lebenslauf darzustellen. Als berufserfahrener Bewerber geben Sie ein äußerst schlechtes Bild ab, wenn Sie hier ins Stottern geraten. Daher sollten Sie die Antwort vorab sorgfältig vorbereiten. Es sollte Ihnen dann gelingen, die wichtigsten Informationen flüssig und überzeugend darzustellen. Bedenken Sie auch: Die Antwort auf diese Frage bietet Ihnen eine gute Gelegenheit, sich selbst ins rechte Licht zu rücken, da Sie die Informationen, die Sie geben wollen, selbst auswählen und gewichten können. Schildern Sie kurz die wichtigsten beruflichen Stationen und heben Sie die fachlichen Stärken und Kompetenzen hervor, die Sie für die ausgeschriebene Position besonders qualifizieren.

3. Informationen über das Unternehmen Auch der Firmenvertreter wird Ihnen aus seiner Sicht Informationen über die zu besetzende Stelle und das Unternehmen geben. Hören Sie konzentriert zu, denn Sie erfahren nicht nur wesentliche Daten und Fakten über Ihr mögliches zukünftiges Betätigungsfeld. Von der Ausführlichkeit, mit der man Sie informiert, von der Art, wie man über die Firma und die Mitarbeiter spricht, ob man nur Positives oder auch Kritisches berichtet, können Sie Rückschlüsse auf die Person des Interviewers und die Unternehmenskultur ziehen. Auch lässt sich daraus ermessen, wie groß das Interesse ist, das man Ihnen als potenziellem Bewerber entgegenbringt. Als Bewerber nehmen Sie in dieser Gesprächsphase die Rolle des Zuhörers ein, allerdings sollten Sie Ihr Gegenüber spüren lassen, dass Sie mit Interesse bei der Sache sind, beispielsweise durch Nicken, kurze Einwürfe („Das ist ja interessant") oder einzelne gezielte Rückfragen.

4. Frage- und Antwortphase In dieser Gesprächsphase, die das Kernstück eines jeden Vorstellungsgespräches bildet, wird man Sie zu den unterschiedlichsten Themen befragen, um Ihre Eignung für die angestrebte Stelle einzuschätzen. Der Gesprächspartner wird gezielte Fragen zu Ihrem beruflichen Werdegang und Ihrer bisherigen Tätigkeit stellen, die sich anhand der Bewerbungsunterlagen nicht genau klären ließen. Außerdem interessieren ihn Ihre Motive für den geplanten Stellenwechsel und die Vorstellungen, die Sie mit der neuen Position verbinden. Aus der Sicht des Arbeitgebers ist es darüber hinaus wichtig, dass Sie Ihr Interesse an der Stelle und dem Unternehmen überzeugend begründen können. Rechnen Sie auch damit, dass man Sie gezielt auf Ihre Schwachstellen anspricht. Haben Sie beispielsweise sehr selten die Stelle gewechselt, wird der Gesprächspartner mit Sicherheit wissen wollen, warum. Solche Fragen sollten vorher besonders gründlich vorbereitet und durchdacht werden. Auch werden – je nach Anforderungsprofil der zu besetzenden Stelle – soziale Kompetenzen wie Team- und Kritikfähigkeit, Führungsqualitäten, Belastungsfähigkeit durch gezielte Fragestellungen angesprochen und überprüft.
Für Sie ist es wichtig zu wissen, dass Interviewer mit bestimmten Fragetechniken arbeiten, um Ihren Stärken und Schwächen auf die Spur zu kommen. Hinter jeder Frage steckt auch eine bestimmte Absicht. Begegnen Sie daher allen Fragen mit gespannter Aufmerksamkeit, auch wenn es sich scheinbar um eine „harmlose" Frage handelt. Antworten Sie immer überlegt und lassen Sie sich nie zu spontanen Reaktionen hinreißen!

5. Fragen des Bewerbers Selbstverständlich können und sollen auch Sie sich während des Gespräches über all das informieren, was Sie wissen müssen, um zu entscheiden, ob die Stelle Ihren beruflichen Vorstellungen entspricht. Meist wird man Ihnen zum Ende des Gespräches noch einmal ganz konkret anbieten, Fragen zu stellen. Sie können die Gelegenheit nutzen, um all das zu erfragen, was Sie während der Vorbereitung und des bisherigen Gesprächs noch nicht in Erfahrung bringen konnten. Bedenken Sie: Von Inhalt und Qualität der Fragen hängt es ab, ob Sie in dieser Situation einen positiven Eindruck vermitteln. Äußerst ungeschickt wäre es beispielsweise, jetzt die Gehaltsfrage oder die Anzahl der Urlaubstage anzusprechen. Überzeugender wirken Sie, wenn Sie gut durchdachte Fragen stellen, die erkennen lassen, dass Sie über die Firma, in der Sie arbeiten möchten, informiert sind. Sinnvoll sind beispielsweise Fragen zum künftigen Aufgaben- und Verantwortungsbereich, zu Qualifizierungsmöglichkeiten, zu Mitarbeitern und Vorgesetzten. Dabei können Sie auch einen mitgebrachten Stichwortzettel zu Hilfe nehmen.

6. Arbeitsbedingungen Meist werden zum Ende des Bewerbungsgespräches auch die sozialen Rahmenbedingungen für den Fall der Zusammenarbeit wie Gehalt, Arbeitszeiten, Urlaubstage, Dienstwagen u. Ä. schon einmal kurz angesprochen. Sie sollten auf jeden Fall darauf vorbereitet sein, Ihre Gehaltsvorstellungen zu beziffern. Es geht in einem ersten Gespräch jedoch meist nur darum zu klären, ob man sich grundsätzlich bei den Rahmenbedingungen einig werden könnte. Konkret ausgehandelt werden diese Aspekte erst, wenn feststeht, dass Sie definitiv in der engsten Wahl sind. Meistens ist dies erst in einem zweiten Vorstellungsgespräch der Fall.

7. Gesprächsabschluss Unabhängig vom Verlauf des Gespräches wird ein geübter Interviewer bemüht sein, zum Abschluss eine möglichst positive Atmosphäre herzustellen. Man wird sich in der Regel bei Ihnen für den Besuch bedanken und Sie darüber informieren, bis wann man Ihnen über den Ausgang des Bewerbungsgespräches Bescheid geben möchte. Sie können auch selbst höflich nachfragen: „Bis wann darf ich mit Ihrer Entscheidung rechnen?" Auch für Sie als Bewerber gilt: Der Abschluss des Gespräches ist der letzte Eindruck, den der Gesprächspartner in Erinnerung behält. Tragen Sie mit freundlichen Worten dazu bei, dass der Abschied positiv ausfällt. Wenn Sie das Gespräch als informativ und angenehm empfunden haben, können Sie dem Interviewer die Freude machen und das jetzt beispielsweise äußern.

Die richtige Vorbereitung

Im Grunde gelten für die Vorbereitung von Bewerbergesprächen die gleichen Regeln, die auch für die Vorbereitung eines guten Anschreibens zu beachten sind. Sie müssen sich vorab Ihre eigenen Ziele und Vorstellungen bewusst machen, sollten wissen, welches Ihre persönlichen, beruflichen und fachlichen Qualifikationen sind und formulieren können, was Sie in Zukunft beruflich machen möchten (siehe Seite 32 ff.). Genauso wichtig ist es, sich vorab noch einmal über das Unternehmen zu informieren. Eigene Fragen sollten Sie sich vorab gut überlegen.

Was Sie über das Unternehmen wissen sollten Wenn Sie nicht ohnehin schon einiges über das Unternehmen wissen, dann wird es jetzt Zeit, alle fehlenden Informationen zusammenzutragen. Versuchen Sie, vor allem die folgenden Punkte in Erfahrung zu bringen:

- Art des Unternehmens: Welche Produkte werden hergestellt/Welche Dienstleistungen werden geboten?
- Unternehmenskennzahlen: Wie viele Mitarbeiter sind beschäftigt? Wie hoch ist der jährliche Umsatz?
- Gehört das Unternehmen einem Konzern an? Gibt es Tochtergesellschaften oder Niederlassungen?
- Geschäftsleitung: Wie heißt der Inhaber/der Vorstandsvorsitzende?
- Branchensituation: Wie steht das Unternehmen am Markt da? Welchen Ruf genießt es in der Branche? Wer sind die Konkurrenten? Wie sind die Zukunftsaussichten?
- Unternehmensgeschichte

Vorbereitung auf die Fragen Bereiten Sie sich auf das Vorstellungsgespräch so vor, dass Sie die wichtigsten Punkte Ihres Lebenslaufes flüssig referieren und im Zusammenhang darstellen können. Bei dieser Vorbereitung haben Sie wahrscheinlich auch für den größten Teil der Fragen zu Ihrer beruflichen Vergangenheit eine Antwort parat. Rechnen Sie damit, dass die Unternehmensvertreter Sie zu folgenden Punkten Ihres Werdeganges befragen:

- Ausbildung, Studium
- berufliche und fachliche Entwicklung
- fachliche Schwerpunkte und Zusatzqualifikationen
- berufliche Erfolge/Misserfolge
- berufliche Wünsche, Ziele und Vorstellungen
- Bereitschaft zur Weiterbildung
- Mobilität und Reisebereitschaft
- Gründe für einen Stellenwechsel

- Erwartungen an die neue Position, die neuen Vorgesetzten, Mitarbeiter und Kollegen, Karriereziele
- Ihre Einstellung zu bestimmten Themen (wie z. B. „Teamarbeit", „Führungsstile", „Erfolg")
- allgemeine Interessen und Einstellungen
- persönliche Stärken und Schwächen
- persönlicher Hintergrund
- außerberufliches Engagement, Freizeitverhalten

Es gibt eine ganze Reihe von Fragen, die bei Vorstellungsgesprächen immer wieder gestellt werden. Im Folgenden finden Sie einige dieser häufigen Fragen und Hinweise für mögliche Antworten.

„Weshalb möchten Sie den Arbeitsplatz wechseln?"

Es ist ganz wichtig, einen nachvollziehbaren Wechselgrund zu nennen. Man sollte sich mit dieser Frage unbedingt vorab beschäftigen. Sie können wichtige Pluspunkte sammeln, wenn Sie als selbstbewusster Kandidat auftreten, der seine beruflichen Ziele kennt und engagiert angeht. Sprechen Sie keinesfalls schlecht über Ihren derzeitigen Arbeitgeber!

„Wie kommt es, dass Sie arbeitslos sind? Wie gehen Sie mit dieser Situation um?"

Arbeitslosigkeit ist ein Schönheitsfehler im Lebenslauf, zu dem Sie sich bekennen müssen. Man sollte sich durch diese Frage nicht provozieren lassen. Würde Arbeitslosigkeit Ihre Eignung grundsätzlich infrage stellen, wären Sie zum Gespräch nicht eingeladen worden. Der Gesprächspartner möchte sehen, dass Sie auch bei Schwierigkeiten nicht gleich die Flinte ins Korn werfen. Wenn es einen Grund wie Konkurs oder Rationalisierung gegeben hat, können Sie diesen ja angeben. Ansonsten fassen Sie sich kurz und verfallen Sie nicht in ausführliche Rechtfertigungen. Machen Sie Ihr aktives Bemühen um einen neuen Arbeitsplatz deutlich. Jedes Engagement – das Schalten einer eigenen Anzeige, Weiterbildung, freie Mitarbeit – wird positiv aufgenommen. Die Antworten sollten Sie sich im Voraus genau überlegen.

„Warum interessieren Sie sich für unser Unternehmen?“

Diese Frage lotet Ihr persönliches Interesse an der Stelle aus. In Ihrer Antwort sollten Sie Ihre Motivation und Ihre fachliche Eignung für die ausgeschriebene Position herausstellen. Sie könnten beispielsweise argumentieren, dass Sie die Position als persönliche Herausforderung betrachten oder sich aufgrund Ihrer fachlichen Kenntnisse und Erfahrungen besonders gut für das Unternehmen engagieren können.

„Warum sollten wir gerade Sie einstellen?“

Hier geht es um Ihre Selbsteinschätzung. Zeigen Sie sich zielstrebig und optimistisch. Fassen Sie Ihre fachlichen und persönlichen Stärken nochmals kurz zusammen und bringen sie diese in Zusammenhang mit den Anforderungen des Unternehmens. Die Zielrichtung Ihrer Antwort sollte lauten: „Diese Stelle entspricht genau meinen Vorstellungen und meine Qualifikation entspricht den Anforderungen der Stelle.“

„Was sind für Sie die wichtigsten Werte und Eigenschaften im Berufsleben? Worauf legen Sie besonderen Wert?“

Man möchte herausfinden, ob Ihre Wertvorstellungen im Interesse der Firma liegen und Ihre Arbeitseinstellung der ausgeschriebenen Position entspricht. Überlegen Sie gut, was man von Ihnen hören will. Nutzen Sie für die Antwort alle Informationen, die Sie haben.

„Was waren Ihre größten beruflichen Erfolge? Und Ihre Misserfolge?“

Als berufserfahrener Bewerber sollten Sie Erfolge benennen können. Sie sind Ihr Hauptargument und nehmen bei der Einstellungsentscheidung eine Schlüsselstellung ein. Daher die dringende Empfehlung: Legen Sie sich vorab eine Antwort zurecht. Nennen Sie Erfolgsbeispiele, die Ihren beruflichen Einsatz und Ihr Engagement verdeutlichen. Achtung bei den Misserfolgen: Führen Sie ein möglichst harmloses Beispiel an.

„Was sind Ihre größten Stärken und Schwächen?“

Das ist eine weitere sehr wichtige und schwierige Frage, die man unbedingt vorher bedenken muss. Sie wird in jedem Vorstellungsgespräch nahezu unweigerlich gestellt. Versuchen Sie vor allem, Ihre Stärken herauszuarbeiten, die Ihre Eignung für die angestrebte Position verdeutlichen. Achten Sie beim zweiten Teil der Frage darauf, nichts von dem preiszugeben, was wirklich gegen Sie sprechen könnte.

„Wie würden Sie Ihre Motivation, Teamfähigkeit, Kritikfähigkeit, Durchsetzungsfähigkeit usw. einschätzen?“

Mit solchen Fragen werden spezielle Schlüsselqualifikationen überprüft. Fragen dieser Art kann man nur überzeugend beantworten, wenn man sich vorab ausführlich mit den eigenen Stärken und Schwächen befasst hat. Ihre Antwort sollte zeigen, dass Sie über die gewünschte Eigenschaft verfügen, dabei aber auf dem Boden der Tatsachen bleiben. Kokettieren Sie nicht mit vorgeblichen Schwächen. Schätzen Sie sich positiv ein – nicht übertrieben, aber auch nicht zu bescheiden.

„Welche Zukunftspläne haben Sie?“

Sie dürfen gerade als berufserfahrener Bewerber keinesfalls den Eindruck vermitteln, Sie hätten bereits alles aus sich herausgeholt und keine beruflichen Ziele mehr. Der Arbeitgeber könnte argwöhnen, dass Sie die Stelle als Warteposition bis zur Rente missbrauchen wollen. Positiv werden Antworten aufgenommen, die Leistungsmotivation erkennen lassen und den Willen, für das Unternehmen einen wichtigen Beitrag zu leisten.

„Sind Sie nicht ein wenig zu alt für diese Stelle?“

Sie sind gut beraten, wenn Sie sich nicht provozieren lassen. Entschuldigungen und Rechtfertigungen sind völlig fehl am Platze. Sie hätten ganz sicher keine Einladung zum Gespräch erhalten, wenn man tatsächlich dieser Ansicht wäre.

UNSER TIPP

Häufige Fragen können ohne weiteres vorab „trainiert“ werden. Wenn Sie nicht zu den Menschen gehören, die über ein unumstößliches Selbstbewusstsein und ein ausgeprägtes rhetorisches Geschick verfügen, sollten Sie sich besonders sorgfältig vorbereiten. Spielen Sie Ihre Argumente nicht nur in Gedanken durch, sondern üben Sie mögliche Formulierungen laut. Sie werden erstaunt sein, was Ihnen bei der Probe alles einfällt.

Extra: Wie kann man Einwänden begegnen Wenn Sie Schwachstellen nicht bereits ausreichend in Ihrem Anschreiben und Bewerbungsbrief geklärt haben (siehe Seite 66 ff.), können Sie damit rechnen, dass man Sie gezielt im Vorstellungsgespräch darauf anspricht. Zwar dürften diese Einwände in Ihrem Fall einer Einstellung nicht grundsätzlich entgegenstehen, aber es bedarf klarer Begründungen und einer positiven Selbstdarstellung, um letzte Vorbehalte des Arbeitgebers zu entkräften. Damit dies gelingen kann, überlegen Sie vorab, welche Punkte in Ihrem Fall zu Nachfragen führen können. Beispielsweise:

- häufiger Stellenwechsel
- seltener Stellenwechsel
- mehrfache Zeiten der Arbeitslosigkeit
- ein durch den Arbeitgeber gekündigtes Arbeitsverhältnis
- Berufswechsel/sehr unterschiedliche Tätigkeiten
- spezielle fachliche und persönliche Defizite im Hinblick auf die angestrebte Position

Verschiedene Strategien und Argumentationsweisen bieten sich an, um solchen Einwänden überzeugend zu begegnen:

- Erklärung nennen

Für manche Schwachstellen gibt es akzeptable Begründungen, die Sie nennen können, ohne dass man es Ihnen negativ auslegen wird (z. B. Arbeitslosigkeit nach Betriebsschließung).

- Positives betonen

Zeigen Sie wenn möglich auf, dass die Schwachstelle auch ihre guten Seiten hatte und rücken Sie den positiven Aspekt in den Vordergrund, z. B. dass

Sie die Zeit der Arbeitslosigkeit zur Weiterbildung genutzt oder sich durch den häufigen Stellenwechsel ein sehr breites Basiswissen angeeignet haben usw.

- Alternative Stärken nennen

Diese Vorgehensweise bietet sich bei fachlichen Defiziten an. Solche Defizite verlieren in den Augen des Arbeitgebers unter Umständen an Bedeutung, wenn Sie als Alternative andere Stärken ins Feld führen können, die dem Unternehmen von Nutzen sein können.

- Konkreten Ausgleich anbieten

Wenn möglich, sollten Sie bei fachlichen Defiziten anbieten, sich fehlende Kenntnisse so schnell wie möglich anzueignen, z. B. ein spezielles Computerprogramm.

- Fehler als Erfahrung werten

Nicht immer bieten sich überzeugende Erklärungen an. Deshalb kann es auch sinnvoll sein, eine Fehlentscheidung – besonders wenn Sie länger zurückliegt – einfach zuzugeben und selbstbewusst dazu zu stehen. Ihre Antwort sollte dann aber auch deutlich machen, dass Sie aus dem Fehler gelernt haben.

- Eine Notlüge als letzter Ausweg

Manchmal werden Sie in Vorstellungsgesprächen mit Fragen konfrontiert, die eigentlich gar nicht gestellt werden dürfen, beispielsweise ob Sie vorbestraft sind oder ob Sie sich politisch engagieren (siehe Seite 101 ff.). In diesen (und nur in diesen!) Fällen sind Sie nicht verpflichtet, wahrheitsgemäß zu antworten und können zur Notlüge greifen, wenn Sie sonst Nachteile im Vergleich zu anderen Bewerbern befürchten müssten.
Besonderheiten gelten allerdings bei Einstellungsverfahren für den öffentlichen Dienst. Der Staat als Arbeitgeber – ganz gleich, in Gestalt welcher Institution oder Behörde er auftritt – hat im Interesse der Allgemeinheit das Recht und die Pflicht zu erfahren, wie der Bewerber zu den Grundwerten der Gesellschaft steht, ob er sich verfassungskonform und gesetzestreu verhält oder ob daran erhebliche Zweifel bestehen. Die frühere Zugehörigkeit zum Ministerium für Staatssicherheit der DDR, ja selbst die verdeckte Mitarbeit als so genannter „IM" (Inoffizieller Mitarbeiter) sind ein Einstellungshindernis für den öffentlichen Dienst. Fragen danach müssen wahrheitsgemäß beantwortet werden. Eine „Notlüge" kann hier, falls die Wahrheit später aus den Akten hervorgeht, zur sofortigen Kündigung führen.

Überlegt reagieren: heikle und begrenzt zulässige Fragen

- *Gesundheit* Der Arbeitgeber darf sich nur nach aktuellen Erkrankungen erkundigen, die die berufliche Leistungsfähigkeit einschränken. Auch ansteckende Krankheiten muss man wahrheitsgemäß angeben. Vergangene ausgeheilte Krankheiten haben den Arbeitgeber hingegen nicht zu interessieren.

- *Schwerbehinderung* Die Frage nach einer Schwerbehinderung (mehr als 50 Prozent Erwerbsminderung) ist erlaubt und muss der Wahrheit entsprechend beantwortet werden, da die Einstellung von Schwerbehinderten für den Arbeitgeber mit besonderen gesetzlichen Verpflichtungen (z. B. besonderer Kündigungsschutz) verbunden ist.

- *Schwangerschaft und Familienplanung* Fragen hierzu dürfen nicht gestellt werden.

- *Vorstrafen* Die Frage ist begrenzt zulässig. Sie brauchen aber nur Auskunft geben, soweit die Vorstrafe die angestrebte Stelle betrifft. Ein Verkäufer, der wegen eines Verkehrsdeliktes verurteilt wurde, braucht dies nicht anzugeben. Hat man ihn allerdings bei einem Diebstahl erwischt, muss er Farbe bekennen.

- *Religions-, Gewerkschafts- oder Parteizugehörigkeit* Diese Fragen haben in Bewerbungsgesprächen grundsätzlich nichts verloren. In der Regel müssen Sie keine Angaben dazu machen. Einzige Ausnahme: Der Arbeitgeber ist selbst ideologisch oder religiös gebunden, etwa eine Parteizentrale oder eine Kirchenzeitung. In diesen Fällen kann die Religions- oder Parteizugehörigkeit des Bewerbers zur Erfüllung seiner Aufgaben erforderlich sein.

- *Vermögensverhältnisse* Nur Bewerber, die sich um Führungs- und Vertrauenspositionen (z. B. Kassierer) bewerben, brauchen über ihre Vermögensverhältnisse Auskunft zu geben. In allen anderen Fällen ist die Frage unzulässig und Sie dürfen die Antwort schuldig bleiben.

- *Familien- und Lebenssituation* Diese Fragen betreffen Ihr Privatleben und Sie sind dem Arbeitgeber nicht auskunftspflichtig. Andererseits ist es verständlich, wenn der Interviewer auch einen Eindruck von Ihrer persönlichen Situation gewinnen möchte. Wie viel Sie preisgeben wollen, liegt in Ihrem Ermessen. Am besten antworten Sie freundlich, kurz und knapp. Achten Sie darauf, vom Grundtenor her einen positiven und geordneten Eindruck Ihres Privatlebens zu vermitteln – auch wenn es nicht so ist.

- *Höhe des jetzigen/letzten Gehalts* Die Frage ist nach der Rechtslage begrenzt zulässig. Sie muss immer dann wahrheitsgemäß beantwortet werden, wenn die bisherige Stelle von den Qualifikationen her mit der angestrebten Position vergleichbar ist und ähnliche Kenntnisse und Fähigkeiten erfordert. Wenn Sie Auskunft geben, bleiben Sie unbedingt bei der Wahrheit. Denn wenn Sie innerhalb eines Kalenderjahres wechseln, ist Ihr bisheriges Gehalt der Lohnsteuerkarte zu entnehmen!

Extra: Vorbereitung auf die Gehaltsfrage Die Gehaltsfrage ist einer der wichtigsten und heikelsten Punkte des Vorstellungsgespräches. Bei berufserfahrenen Bewerbern wird erwartet, dass sie ihren „Marktwert" realistisch einschätzen können. Überzogene Forderungen machen in jedem Fall einen schlechten Eindruck, unter Wert verkaufen sollen Sie sich aber schließlich auch nicht. Vertreten Sie Ihre Interessen selbstbewusst, aber bleiben Sie flexibel. Stellen Sie sich darauf ein, Ihre Gehaltsvorstellungen zu erläutern und zu begründen.

Damit Sie im Gespräch eine klare Position beziehen können, beginnen Sie am besten mit der Überlegung, welches Gehalt für Sie als angemessen betrachtet werden kann. Wenn Sie im vollen Umfang über die geforderten Qualifikationen für die angebotene Stelle und die entsprechende Praxiserfahrung verfügen, haben Sie eine besonders gute Ausgangsposition und können Ihre Gehaltsforderung entsprechend optimistisch ansetzen. Eine 10- bis 15-prozentige Erhöhung auf das letzte Gehalt liegt in diesem Fall im allgemein akzeptierten Rahmen. Anders ist die Ausgangslage einzuschätzen, wenn man Ihnen die Möglichkeit gibt, in einem branchen- oder fachfremden Bereich eine völlig neue Aufgabe zu übernehmen oder nach längerer Arbeitslosigkeit wieder einzusteigen. Sie benötigen in so einem Fall eine längere Einarbeitungszeit und sollten daher die Gehaltshöhe etwas vorsichtiger einschätzen. Auch wenn Sie in Ihrer derzeitigen Position bereits sehr hoch dotiert sind, können Sie von Ihrem neuen Arbeitgeber keine Anhebung des derzeitigen Gehaltes erwarten. Realistischerweise müssen Sie sogar bereit sein, Einkommenseinbußen hinzunehmen.

UNSER TIPP

Informieren Sie sich vorab über die Durchschnittseinkommen Ihrer Branche und Ihrer Position. Solche Informationen erhalten Sie bei Berufsorganisationen und -verbänden, Gewerkschaften, Industrie- und Handelskammern und natürlich auch bei Kollegen, die in derselben Branche tätig sind.

In jedem Fall ist es sinnvoll, sich für die Gehaltsfrage vorab Muss- und Kannziele zu setzen. So geben Sie sich selbst Ihren Verhandlungsspielraum und können besser und flexibler verhandeln. Wenn Sie keine ganz genaue Gehaltsvorstellung haben, können Sie auf die Frage nach dem Wunschgehalt diplomatisch antworten, dass sich Ihr Jahresgehalt zwischen x und y Mark bewegen sollte. Oder Sie formulieren es als Frage: „Kann ich davon ausgehen, dass sich die Dotierung für die Position zwischen x und y Mark bewegt?" Eine weitere Möglichkeit: Nennen Sie Ihr derzeitiges Jahresgehalt und bitten Sie dann den Gesprächspartner, Ihnen seinerseits ein Angebot zu machen.

Es liegt in der Natur der Sache, dass man Ihre Gehaltsvorstellungen nicht immer im vollen Umfang akzeptieren wird. Wenn die sonstigen Bedingungen stimmen, können Sie sich kompromissbereit zeigen und dem Arbeitgeber beispielsweise anbieten, zunächst auf das niedrigere Angebot einzugehen, wenn es nach einem vereinbarten Zeitraum erhöht wird. Oder Sie versuchen, zusätzliche Extras, z. B. eine Fahrgelderstattung, auszuhandeln. Solche Vereinbarungen müssen natürlich als Teil des Arbeitsvertrages schriftlich fixiert werden.

UNSER TIPP

Beachten Sie bei dem Gehaltsangebot immer auch die Zusatzleistungen, um die tatsächliche Gehaltshöhe einschätzen zu können. Solche zusätzlichen Leistungen sind z. B. Weihnachts- und Urlaubsgeld, Fahrgelderstattung, Firmenwagen und Essenszuschüsse, Provisionen und Erfolgsprämien. Aufs Jahr umgerechnet können sich solche Extras zu einer beachtlichen Summe addieren.

Vorbereitung auf die eigenen Fragen Als Bewerber haben Sie im Vorstellungsgespräch ein berechtigtes Informationsbedürfnis. Schließlich muss nicht nur der Arbeitgeber zu einer Entscheidung gelangen, auch Sie müssen herausfinden, ob Sie dieses Arbeitsverhältnis eingehen möchten. Ihr Ziel sollte es sein, einen möglichst umfassenden Eindruck von dem Unternehmen und der zu besetzenden Stelle zu gewinnen. Überlegen und notieren Sie sich vorab, was Sie wissen möchten. Falls Ihnen eine Anzeige der Position vorliegt, können Sie diese als Grundlage für weiterführende Fragen nehmen. Es spricht im Übrigen nichts dagegen, wenn Sie Ihre vorbereiteten Notizen während des Gespräches auf den Tisch legen und die erledigten Punkte abhaken, denn in so einer Ausnahmesituation ist die Gefahr groß, dass man etwas Wesentliches vergisst.
Ihre Fragen sollten das Unternehmen und das Aufgabenfeld der ausgeschriebenen Position betreffen. Durch konkrete Fragen zu einzelnen Geschäftsbereichen oder künftigen Entwicklungen des Unternehmens, können Sie darüber hinaus zeigen, dass Sie sich gut informiert haben. Vorsicht ist bei Fragen zu Gehalt und Sozialleistungen geboten. Überlassen Sie es dem Gesprächspartner, diese Fragen anzuschneiden.

Interesse signalisieren: Fragen, die Sie stellen können

- Wie sieht die Tätigkeit im Detail aus?
- Werden besondere Anforderungen an mich gestellt, wie z. B. lange Auslandsaufenthalte, repräsentative Aufgaben o. Ä.?
- Welche Kompetenzen und Befugnisse sind mit der Position verbunden?
- Wie ist die Stelle in der Organisationsstruktur des Unternehmens angesiedelt?
- Mit wem werde ich zusammenarbeiten. Wer ist mein Vorgesetzter? Wer sind meine Kollegen/Untergebenen?
- Seit wann ist die Stelle unbesetzt? Wie lange war mein Vorgänger in dieser Position beschäftigt?
- Welcher Arbeits- und Führungsstil wird praktiziert?
- Wie ist die Einarbeitung geplant?
- Welche Aufstiegsmöglichkeiten bieten sich mir?
- Welche Weiterbildungsmöglichkeiten gibt es?
- Gibt es konkrete Pläne, die die Zukunft des Unternehmens betreffen?
- Wie ist die Konkurrenzsituation und die wirtschaftliche Lage der Branche?

So wirken Sie fit und selbstbewusst

Wie das Vorstellungsgespräch verläuft, können Sie – wie ausgeführt – durch gut vorbereitete Antworten und Fragen mit beeinflussen. Doch es kommt nicht nur auf die inhaltliche Beantwortung der Fragen an. Auch Ihr Auftreten entscheidet zu einem nicht geringen Teil darüber, ob man Sie tatsächlich auch einstellt. Im Bewerbungsgespräch müssen Sie nicht nur fachlich, sondern vor allen Dingen persönlich überzeugen. Viele Bewerber, die schon längere Zeit auf Stellensuche sind, lassen durch ihr Verhalten spüren, wie entmutigt sie sind. Anderen machen Nervosität und Unsicherheit zu schaffen, sie verhalten sich wie unterwürfige Bittsteller oder versuchen, Ihre Unsicherheit durch betont forsches Auftreten zu überspielen. Beides ist in so einer Situation natürlich verständlich. Doch bedenken Sie, dass Sie mit Ihrem Verhalten Signale setzen. Einen sichtbar frustrierten oder unsicher wirkenden Arbeitsuchenden wird so schnell niemand einstellen. Was man einem Berufsanfänger eventuell noch nachsieht, kann für berufserfahrene Kandidaten schnell das Aus bedeuten. Selbstsicherheit gepaart mit souveränem Auftreten ist somit ein ganz wichtiger Faktor. Auch Offenheit, Echtheit und Glaubwürdigkeit sind Ausdruck einer positiven Grundhaltung. Zeigen Sie also Selbstbewusstsein, aber wohl dosiert, denn auch übertriebenes Eigenlob wirkt eher nachteilig. Im Übrigen ist selbstsicheres Auftreten nicht unbedingt ein Geschenk des Himmels. Man kann etwas dafür tun, um im Gespräch den Eindruck eines Menschen zu vermitteln, der sich etwas zutraut und seine Stärken kennt.

Achten Sie auf eine gepflegte Gesamterscheinung Ein gepflegtes Äußeres ist im Vorstellungsgespräch so etwas wie die Eintrittskarte für einen erfolgreichen Gesprächsverlauf, denn es bestimmt ganz wesentlich den ersten Eindruck, den man von Ihnen gewinnt. Kommunikationsforscher haben herausgefunden, dass der erste Eindruck zu 55 Prozent von seinem äußeren Erscheinungsbild bestimmt wird, zu 38 Prozent vom Klang der Stimme und nur zu 7 Prozent vom Inhalt des Gesagten. Grund genug, um der Wahl der Garderobe einige Aufmerksamkeit zu widmen. Entscheiden Sie sich für eine der Position und Branche entsprechende Kleidung, in der Sie sich wohl fühlen. Patentrezepte im Sinne einer festgelegten Kleiderordnung gibt es nicht. Aber es lässt sich doch feststellen, dass bei Männern die Kombination oder der nicht zu feine Anzug und bei Frauen Rock oder Hose mit Bluse und Blazer in den meisten Firmen als angemessen empfunden wird. Grundsätzlich gilt: Ihr Äußeres sollte natürlich und selbstbewusst wirken, im Stil eher konservativ als modisch, jedoch keinesfalls altmodisch. Gerade als nicht mehr jugendlicher Bewerber müssen Sie darauf achten, dass Ihre Kleidung dem Stil der Zeit entspricht. Lassen Sie Ihre Garderobe vom Partner oder erfahrenen Freunden begutachten und kleiden Sie sich im Zweifelsfall lieber neu ein.

Tragen Sie zu einem gelungenen Gesprächsbeginn bei Selbstverständlich müssen Sie pünktlich zum Vorstellungsgespräch erscheinen, am besten 5 bis 15 Minuten vor dem vereinbarten Termin. Denken Sie daran:

Das Thema Pünktlichkeit hat hierzulande viel mit Höflichkeit und Zuverlässigkeit zu tun. Wenn Sie schon zur ersten Begegnung zu spät kommen, werden die meisten Arbeitgeber daraus schließen, dass Sie über beides – Höflichkeit und Zuverlässigkeit – nicht im Übermaß verfügen.
Generell sollten Sie sich zu Beginn des Gespräches eher abwartend verhalten und zunächst dem Arbeitgeber die Initiative überlassen. Das gibt Ihnen die Möglichkeit, sich selber zunächst ein wenig in die Atmosphäre einzufühlen und eventuell vorhandene Nervosität in den Griff zu kriegen. Sie können aber auch selbst dazu beitragen, in diesen ersten Momenten sympathisch zu wirken. Die Einhaltung einiger einfacher Benimm-Regeln bringt in dieser Gesprächsphase wertvolle Pluspunkte:

- Versuchen Sie nach außen hin möglichst gelassen zu erscheinen.
- Gehen Sie ruhig auf Ihren Gesprächspartner zu und blicken Sie ihm offen und freundlich ins Gesicht. Lächeln Sie!
- Falls man Sie nicht mit Namen anspricht, stellen Sie sich selbst klar und deutlich vor.
- Achten Sie auf den Namen Ihres Gegenübers, damit Sie ihn hin und wieder persönlich mit Namen ansprechen können.
- Die einleitenden Fragen sind in der Regel zum Aufwärmen und Kennenlernen gedacht. Gehen Sie auf den Smalltalk ein und sagen Sie auch selber etwas Nettes, beispielsweise „Ich habe mich sehr über Ihre Einladung gefreut" oder „Ich freue mich, Sie persönlich kennen zu lernen."
- Warten Sie ab, bis man Ihnen einen Sitzplatz anbietet oder fragen Sie höflich: „Darf ich mich setzen?"

Denken Sie daran: Souveränes Auftreten beeindruckt den Gesprächspartner, der von der äußeren Sicherheit auch auf die fachlichen und persönlichen Qualitäten schließt.

Kontrollieren Sie Ihre Körpersprache Der Gesprächspartner wird auch die Körpersprache in seine Beurteilung mit einbeziehen. Sie sollten die Aussagekraft von Haltung, Gestik und Mimik nicht unterschätzen. Körperhaltung und Gesichtsausdruck sagen dem aufmerksamen Beobachter einiges darüber, ob man sicher oder unsicher, nervös oder ruhig ist. Auch Sprechweise und Gestik haben Einfluss darauf, wie Sie wirken. Ausgreifende Bewegungen, aufgesetztes, lautes Lachen und übertriebene Grimassen machen beispielsweise keinen vorteilhaften Eindruck. Wenn Sie unter Stress zu solchen Überreaktionen neigen, ist es sinnvoll, vorab zu Hause vor dem Spiegel Redeproben abzuhalten und die eigenen Bewegungen selbstkritisch zu überprüfen. Um sympathisch und überzeugend zu wirken, sollte man sich auch das Folgende verdeutlichen:

- Der Blickkontakt spielt eine große Rolle. Mit den Augen nimmt man Kontakt zum Anderen auf, unterstreicht die eigenen Aussagen und kann die Reaktionen des Gesprächspartners beobachten. Deshalb ist es wichtig, den Blickkontakt regelmäßig herzustellen. Ihr Blick sollte dabei offen und freundlich sein. Zum Vergleich: Gesenkte, ausweichende Blicke oder fehlender Blickkontakt lassen auf Unsicherheit, Arroganz oder Desinteresse schließen.
- Ihre Stimme sollte sicher und bestimmt klingen. Wer erregt oder nervös ist, spricht schneller und höher und das klingt weniger überzeugend als eine entspannte Stimmlage.

  Es hilft, wenn Sie sich besonders zu Anfang bemühen, möglichst ruhig und pointiert zu sprechen. Es gehört Zeit dazu, um eine Antwort gut zu überlegen und zu formulieren.
- Achten Sie auch auf Ihre Gesten. Fahrige Bewegungen oder unkontrollierte Verhaltensweisen, wie Spielen mit den Fingern oder Zupfen am Kragen, wirken wenig vorteilhaft. Wenn man nicht weiß, wohin mit den Händen, legt man sie am besten locker vor sich auf den Tisch oder die Armlehnen.

  Ein gutes Hilfsmittel ist Schreibzeug. Mit dem Kugelschreiber in der Hand vermitteln Sie Aufmerksamkeit und können mit den Händen etwas Sinnvolles tun.
- Kontrollieren Sie Ihre Sitzhaltung. Vorteilhaft wirken Sie, wenn Sie aufrecht, dabei aber entspannt sitzen. Man sollte keinesfalls verkrampft auf dem Stuhlrand hocken, sondern die ganze Sitzfläche einnehmen und die Füße parallel auf den Boden stellen.

Fragen beantworten, Fragen stellen Je offener und aktiver Sie im Gespräch wirken, desto größer sind Ihre Aussichten auf Erfolg. Offenheit bedeutet, sich auskunftsbereit zu zeigen und dem Interviewer so viel von sich mitzuteilen, dass er sich ein Bild von Ihrer Persönlichkeit machen kann. Das heißt natürlich nicht, dass Sie in allem rückhaltlos die Wahrheit sagen sollen, denn Sie wollen sich ja nicht schaden.

Die Kunst besteht darin, weder zu viel noch zu wenig von sich mitzuteilen. Rechnen Sie damit, dass man Sie eventuell zur Ausführlichkeit provoziert, um Ihnen Schwächen zu entlocken. Äußern Sie sich also niemals detailreich und ausführlich, sondern fassen Sie sich kurz. Berichten Sie jeweils in drei oder vier Sätzen das Wesentliche. Fragen Sie eventuell nach, ob weitere Informationen gewünscht sind. Entscheidend bleibt in jeder Phase des Gesprächs, dass Sie wissen, was Sie über sich und Ihre Arbeit preisgeben wollen.
Indem Sie Fragen stellen und auf Gesagtes Bezug nehmen, haben auch Sie die Möglichkeit, das Gespräch in Ihrem Sinne zu beeinflussen und zu lenken. Auf diese Weise können Sie sich gezielt in das Gespräch einbringen und für sich selbst die Informationen erhalten, die Sie für Ihre Entscheidung benötigen.
Versuchen Sie in allen Phasen des Gespräches aktiv bei der Sache zu sein. Das gilt auch, wenn Sie vorübergehend die Rolle des Zuhörers einnehmen. Aktiv zuhören bedeutet, dass man dem Gesprächspartner seine ganze Aufmerksamkeit widmet, ihm zuhört und ihn ausreden lässt, und ihm durch Nicken und Lächeln Interesse signalisiert.

Auf einen Blick – Empfehlungen zur Gesprächsführung

- Beantworten Sie alle Fragen kurz und sachbezogen. Gut beraten ist, wer klare Beispiele aus der Berufspraxis parat hat und so eine Aussage oder ein Argument untermauern kann.
- Stellen Sie sich positiv dar. Rücken Sie Ihre beruflichen Leistungen und Erfahrungen ins beste Licht. Denken Sie immer daran: Kein Verkäufer redet über die Schwächen und Fehler seines Produkts. Auch Sie sollten Negatives möglichst ausklammern und Ihren Antworten eine positive Ausrichtung geben.
- Reden Sie niemals schlecht über andere. Das ist eine Grundregel, die unbedingt zu beachten ist. Bewerber, die sich negativ über Kollegen oder Vorgesetzte äußern, gelten als indiskret und illoyal. Auf solche Mitarbeiter legt keine Firma Wert.

- Bleiben Sie stets sachlich, auch wenn man Ihnen provozierende Fragen stellt. Interviewer legen es manchmal darauf an, den Bewerber aus der Reserve zu locken, um seine Belastbarkeit zu testen. Tun Sie ihm diesen Gefallen nicht. Bewahren Sie Ruhe und Haltung, was immer man Sie fragt.
- Persönliche Probleme haben im Vorstellungsgespräch nichts verloren. Auch wenn der Gesprächspartner Verständnis signalisiert, sollten Sie keinesfalls auf Privates eingehen. Denken Sie immer daran: Hier geht es nicht um einen privaten Kontakt, sondern um Ihre berufliche Zukunft.
- Vermeiden Sie wortreiche Rechtfertigungen und Entschuldigungen. Was immer man gegen Sie einwenden mag, versuchen Sie den Arbeitgeber zu überzeugen, dass seine Vorbehalte unbegründet sind. Hier helfen gute Argumente, die Sie vorbereiten können (siehe Seite 95 ff.).
- Fragen Sie nach, wenn Sie etwas nicht richtig verstanden haben. Rückfragen sind auch ein gutes Mittel, um Zeit zu gewinnen, wenn man keine Antwort weiß oder eine Frage als unangenehm empfindet.

Sagen Sie beispielsweise „Können Sie mir diese Frage näher erläutern?“ oder „Können Sie mir bitte sagen, was diese Frage mit meiner Bewerbung bei Ihnen zu tun hat?“.

Das andere Extrem

Gesprächssituationen und Gesprächsführung sind von Branche zu Branche, von Unternehmen zu Unternehmen unterschiedlich. Namentlich in kleinen Unternehmen kann es vorkommen, dass Sie einem Arbeitgeber gegenübersitzen, der mit der Bewerbungssituation noch weniger vertraut ist als Sie. Oder der einfach kein Freund vieler Worte ist, wie ein authentisch überliefertes Einstellungsgespräch in einem brandenburgischen Baubetrieb belegt. Gesucht wurde ein berufserfahrener Maurer: „Schon mal Kamin gemauert?" – „Hmm." – „Wann kannst'n anfangen?"

Zwischen dem zuvor Dargelegten und diesem Extrem wird sich Ihr Bewerbungsgespräch höchstwahrscheinlich bewegen.

Nach dem Gespräch

Genauso wie im Unternehmen nach dem Vorstellungsgespräch die Phase der Auswertung beginnt, gilt es auch für Sie, sich detailliert ins Gedächtnis zu rufen, wie das Gespräch gelaufen ist und was Sie über das Unternehmen und die Stelle erfahren haben. Die Fakten aus dem Gespräch müssen Sie parat haben, wenn Sie beispielsweise bei der Firma anrufen, um nachzuhaken bzw. falls Sie zu einem weiteren Gespräch eingeladen werden. Wenn Sie nicht zu den Auserwählten gehören, die ein Einstellungsangebot erhalten, kann eine kritische Auseinandersetzung mit dem Gesprächsverlauf helfen, es beim nächsten Mal besser zu machen.
Auch ist zu überlegen, ob Sie – nach allem, was Sie im Vorstellungsgespräch erfahren, gesehen und erlebt haben – in dieser Position und für dieses Unternehmen tätig sein möchten. Sie werden vielleicht einwenden, dass Sie als älterer Bewerber nicht allzu wählerisch sein können. Dennoch sollte man diesen Aspekt nicht aus den Augen verlieren; es handelt sich schließlich nicht um irgendeine Entscheidung, sondern Sie stellen eine Weiche für Ihr zukünftiges Berufsleben. Und es ist fraglich, ob Ihnen geholfen ist, wenn Sie eine Stelle antreten, die nicht Ihren beruflichen Bedürfnissen oder Fähigkeiten entspricht.

Effektive Nachbereitung

Am besten halten Sie Ihre Beobachtungen möglichst frühzeitig nach dem Gespräch schriftlich (oder mündlich auf Band) fest. Dann sind die Eindrücke noch frisch und die Gefahr ist gering, dass wichtige Einzelheiten in Vergessenheit geraten. Notieren Sie sich zunächst Namen und Position der Gesprächspartner und analysieren Sie anschließend stichpunktartig den Gesprächsverlauf.
Kristallisiert sich bei dieser Gesprächsauswertung heraus, dass dies das Unternehmen ist, für das Sie tätig werden wollen, können Sie noch ein Übriges tun, um sich von anderen Bewerbern abzuheben: Schreiben Sie dem Gesprächspartner innerhalb von zwei Tagen nach dem Vorstellungsgespräch einen Dankesbrief. Sie erreichen auf diese Weise, dass der Arbeitgeber während des Entscheidungsprozesses noch einmal auf Sie aufmerksam wird. Möglicherweise verbessert das Ihre Chancen, zu einem weiteren Gespräch eingeladen zu werden.

Das Gespräch analysieren: einige Fragen zur Auswertung des Vorstellungsgespräches

Der Gesprächsverlauf

- Gab es Fragen, mit denen ich nicht gerechnet habe? Welche?
- Welche Fragen konnte ich nicht so gut beantworten? Bei welchen Themen hatte ich Schwierigkeiten?
- An welchen Themen und Fragen zeigte man besonderes Interesse?
- Welchen Gesamteindruck machte das Gespräch? Verlief es interessant oder eher schleppend? War die Atmosphäre angenehm oder eher angespannt?

Eigenes Verhalten

- Bin ich mit dem Ablauf zufrieden. Habe ich gesagt, was ich sagen wollte?
- Was habe ich gut gemacht, was weniger gut? Waren meine Antworten überzeugend? Welche waren es nicht?
- Was könnte ich das nächste Mal besser machen? Welche Fragen müsste ich besser vorbereiten? Welche Fehler kann ich vermeiden?
- Bin ich mit mir und meinem Auftreten zufrieden? Wenn nein, warum nicht?

Das Unternehmen und die Stelle

- Was habe ich über die Position erfahren? Sind die Informationen ausreichend? Fehlen mir Informationen?
- Wie steht das Unternehmen am Markt da?
- Welche Aufstiegs- und Entwicklungsmöglichkeiten sind mit der Stelle verbunden?
- Entspricht das Gehalt meinen Erwartungen?

Fazit

- Welchen Eindruck habe ich von der Firma?
- Könnte mir diese Position zusagen? Was spricht dafür, was dagegen?
- Wie schätze ich das Ergebnis ein? Habe ich eine Chance, die Stelle zu bekommen?

Bedanken Sie sich also schriftlich für das Gespräch. Loben Sie den positiven Empfang, schreiben Sie, dass Sie das Treffen als außerordentlich informativ empfunden haben und an weiteren Gesprächen – und nach wie vor an der Mitarbeit im Unternehmen – sehr interessiert sind. Erfolg erzielen Sie mit so einem Schreiben, wenn es Ihnen gelingt, Ihre Motivation erkennbar zu machen, sich mit Ihrer ganzen Arbeitskraft für das Unternehmen einzusetzen. Sie könnten möglicherweise an das im Gespräch Geagte anknüpfen, Tatsachen hervorheben, die Sie als wichtig ansehen, oder eine Information nachtragen. Ein Beispiel, wie ein solcher Brief gestaltet werden könnte, finden Sie auf Seite 114.

Mit Absagen umgehen

Wenn Sie nach einem Vorstellungsgespräch eine Ablehnung erhalten, sind Sie sicherlich enttäuscht. Immerhin tröstlich: Man fand Sie, die Bewerbung und Ihre Qualifikationen so gut, dass man Sie aus einer Vielzahl von Bewerbern ausgewählt und zu einem Gespräch eingeladen hat. Damit waren Sie schon recht erfolgreich. Hinzu kommt ein anderer bedenkenswerter Gesichtspunkt: Jedes Gespräch bedeutet auch eine Übung, aus der man lernen kann. Tatsächlich ist es in der Praxis oft so, dass nicht diejenigen den Job bekommen, die eigentlich die besten fachlichen Voraussetzungen mitbringen, sondern jene, die gut vorbereitet sind und im Gespräch Motivation und Zielstrebigkeit vermitteln – und das schaffen die wenigsten im ersten Anlauf. Das bedeutet auch: Sie selbst können einiges tun, um Ihre Chancen für eine Einstellung zu verbessern. Dieser Aspekt ist Ihnen, da Sie in diesem Buch lesen, sicherlich bewusst.

Beispiel Nachfassbrief

Stefan Burmeister
Alleestr. 202
30659 Hannover
Tel.: 05 11/4 85 63 93
Fax: 05 11/4 88 48 04
e-mail: burmeister@t-online.de

Carola-Werke
Frau Erika Berends
Norbertstr. 5

28558 Hamburg

Hannover, 5. August 1999

Vorstellungsgespräch am 4. September 1999
Meine Bewerbung als Elektrotechniker

Sehr geehrte Frau Berends,

das Gespräch in Ihrem Hause habe ich als sehr angenehm und informativ empfunden. Besonders herzlich möchte ich mich dafür bedanken, dass Sie mir Gelegenheit gegeben haben, Ihre Werkhalle zu besichtigen.

Die ausgeschriebene Position sagt mir in hohem Maße zu, denn ich könnte sowohl meine umfangreichen Branchenkenntnisse im Elektroanlagenbau, als auch meine langjährige Planungs- und Abwicklungserfahrung von Automatisierungsprojekten einbringen.

Eine Zusammenarbeit bietet beiden Seiten gute Chancen, davon bin ich überzeugt. Ich würde mich sehr freuen, wenn Sie zu einem positiven Ergebnis kommen. Für Rückfragen oder weitere Gespräche stehe ich Ihnen gerne jederzeit zur Verfügung.

Mit einem herzlichem Gruß nach Hamburg

Unterschrift

Wenn Sie eine Absage erhalten, ist es zunächst ganz wichtig, dass Sie die Niederlage nicht verdrängen, sondern mit Blick auf das nächste Mal ganz konkret überlegen, woran es gelegen haben mag. Waren Sie zu nervös, um selbstbewusst aufzutreten? Mangelte es Ihnen an Motivation und Einsatzbereitschaft? Waren Sie nicht gut genug vorbereitet? Gab es im Hinblick auf die Stelle persönliche oder fachliche Defizite, die Sie nicht überzeugend „verkaufen" konnten? Sollten Sie ganz einfach in einer anderen Sparte oder Branche suchen? Haben Sie möglicherweise selbst während des Gesprächs bemerkt, dass Sie einfach nicht in das Unternehmen passen?

Wenn Sie nach jedem Gespräch ein Gesprächsprotokoll anfertigen (siehe Seite 112 f.), kann das als Grundlage für eine kritische Selbstreflexion dienen. Den einzig konkreten Ansatzpunkt kann Ihnen nur Ihr Gesprächspartner geben. Die meisten Unternehmen formulieren sehr unpersönliche Absageschreiben mit minimalem Informationsgehalt: „Leider müssen wir Ihnen mitteilen, dass wir uns für einen anderen Bewerber entschieden haben. Wir bedauern, Ihnen keinen anderen Bescheid geben zu können…" Oder so ähnlich. Das hilft also bei der Suche nach den Gründen nicht weiter.

Auch wenn es Überwindung kostet, sollten Sie Ihren Gesprächspartner anrufen und ganz offen und direkt um eine Erklärung und eine konstruktive Kritik bitten. Fragen Sie ruhig: „Weshalb bin ich es nicht geworden. Weshalb habe ich im Gespräch nicht bestehen können. Woran hat es aus Ihrer Sicht gefehlt?" Sie sollten Ihrem Gesprächspartner klar machen, dass Sie aus dieser Absage für die Zukunft lernen möchten. Man wird dann in der Regel bereit sein, mit Ihnen über die Gründe für die Ablehnung offen zu reden. Möglicherweise werden Sie die floskelhafte Antwort bekommen, dass man einen anderen Bewerber vorgezogen hat, der die gestellten Anforderungen besser erfüllte. Haken Sie hier nach, um den Gesprächspartner höflich aber bestimmt zu veranlassen, Ihnen Ihre persönlichen Defizite konkret zu benennen.

Sie müssen allerdings auch bereit sein, die Kritik anzuhören und hinzunehmen, egal was man Ihnen sagt. Hören Sie dem Gesprächspartner zu, ohne zu unterbrechen oder die Antwort durch Einwürfe oder Erklärungen deuten oder lenken zu wollen. Machen Sie sich dazu Notizen. Denken Sie daran: Sie können dadurch nur gewinnen. Nur wer seine Fehler kennt, kann daran gehen, sie abzustellen.

Wenn sich die Absagen häufen
Objektiv betrachtet ist eine Absage nichts Außergewöhnliches. Die meisten Bewerber müssen sich heutzutage mehrfach vorstellen, bis sie den gewünschten Erfolg haben. Dennoch ist es nicht leicht, Ruhe und Selbstvertrauen zu bewahren, wenn mehrere Absagen zusammenkommen. Die Motivation lässt nach, die Gefahr, in ein seelisches Tief zu rutschen, wächst. Doch gerade in der beruflichen Orientierungsphase sollte man sich nicht in schwacher Form präsentieren. Im Vorstellungsgespräch darf man Ihnen nicht anmerken, dass Sie frustriert sind und eventuell unter einem großen psychischen Druck stehen. Im Gegenteil, um einen neuen Arbeitgeber für sich zu gewinnen, bedarf es einer positiven Ausstrahlung!
Die folgenden Empfehlungen helfen Ihnen, aus dieser schwierigen Situation, die einem Spagat gleichkommt, das Beste zu machen, damit die berufliche Krise nicht zu einem Dauerproblem wird:

Versinken Sie nicht in Selbstmitleid Wenn mehrere Absagen zusammenkommen, ist das natürlich niederschmetternd. Doch wer nur jammert, sich wegen des eigenen Unglücks bedauert und in sich selbst zurückzieht, schadet sich noch mehr. Machen Sie sich nicht zusätzlich klein. Richten Sie den Blick nicht nur auf Ihre Misserfolge, sondern führen Sie sich ganz bewusst immer wieder Ihre Stärken vor Augen.

Bitten Sie um Rat und Unterstützung Wichtig ist in dieser Phase, dass man sein Problem nicht verschweigt, sondern auch mit anderen über die Absagen redet und in seinem Umfeld offen zugibt, dass es mit der Stellensuche nicht klappt. Scheuen Sie sich nicht, die Hilfe anderer anzunehmen. Fragen Sie Freunde und Bekannte ganz konkret um Rat: „Woran kann es liegen? Wie seht Ihr mich? Gebt mir mal einen Tipp!"

Defizite gezielt angehen Wenn Sie wissen, wo Ihre Defizite liegen, sollten Sie natürlich versuchen, die Punkte gezielt in Angriff zu nehmen. Machen Sie es sich zur Aufgabe, diese Schwachstellen zu beseitigen. Überlegen Sie, ob Weiterbildungsveranstaltungen Ihnen helfen könnten, seien es Sprachkurse, Managerschulungen oder ein Rhetorikkurs. Auch um mehr Selbstvertrauen zu gewinnen, helfen spezielle Seminare. Oft steigt durch so einen Impuls auch die Motivation.

Suchen Sie aktiv Überlegen Sie konkret, wie Sie die Stellensuche am besten angehen und was Sie aktiv dafür tun können. Abwarten wäre der falsche Weg, man muss die Initiative ergreifen. Sie können schließlich nicht erwarten, dass jemand an Ihrer Tür klingelt und Ihnen eine Stelle anbietet. Fragen Sie sich auch kritisch, was Sie bisher getan haben. Haben Sie nur reagiert und auf Stellenanzeigen geantwortet oder auch Eigeninitiative ergriffen? Überlegen Sie beispielsweise, ob sich eine Stellenanzeige für Sie lohnen könnte oder wem Sie eine Initiativbewerbung schicken sollten.

Setzen Sie sich nicht unter Druck Es hat wenig Sinn, sich selbst ein zeitliches Limit für die Stellensuche zu setzen. Druck ist ein schlechter Ratgeber und es entmutigt nur zusätzlich, wenn Sie dann feststellen müssen, dass Sie Ihr Ziel innerhalb der selbst gesteckten Frist nicht erreicht haben. Versuchen Sie, sich davon freizumachen. Entscheidend ist, dass Sie sich über Ihr Ziel im Klaren sind und alles tun, um es so bald wie möglich zu erreichen.

Register

Abfindung 19
Altersversorgung, betriebliche 21
Anschreiben 61, 66, 67 ff.
Anstellung, feste 37
Arbeitsamt 19, 40, 51 ff.
Arbeitsförderungsgesetz 52
Arbeitsproben 88
Arbeitsvertrag 21, 37, 46
Aufhebungsvertrag 19 ff.
Ausfallzeiten 81

Begrüßung 92
Belastbarkeit 11 f., 41
Berufserfahrung 28
Betreffzeile 68
Bewerbungsmappe 88 f.
Bewerbungsunterlagen 55, 66 ff., 89 f.
Blickkontakt 108
Blindbewerbung 59 f., 73
Bundesanstalt für Arbeit 50

Computerprogramm 30, 72, 100

Dankesbrief 111
Datenverarbeitung 15
Dienstleistungsbereich 40

Empfehlungen **21**
Erfolge 27 f.
Existenzgründer 42

Fachkenntnisse 33
Fachveranstaltungen 65
Fähigkeiten, außerberufliche 29
Familie 24, 102
Familienplanung 101
Finanzen 24
Flexibilität 9, 12, 16
Fortbildung 12 f.
Foto 66, 85 f.
Fragetechniken 93
Franchising 42

Garderobe 55, 106
Gehalt 30, 46, 73, 95
Gehaltsfrage 94, 102 f.
Gehaltsniveau 13
Geschäftsidee 41, 44
Gesten 108
Gesundheit 101
Gewerkschaftszugehörigkeit 101

Handschrift 88
Hobbys 80
Höflichkeit 107

Informationen 92, 95
Informationsquellen 47
Initiativbewerbung 59, 73
Internet 50

Kompetenz, intellektuelle 10
Kompetenz, soziale 31
Kompromissfähigkeit 31
Körpersprache 107 f.
Krankmeldungen 11
Kundenorientierung 16
Kündigung 17 ff.
Kündigungsschutz 13 f., 19, 20
Kurzbewerbung 60 f., 74

Langzeitarbeitslose 8
Lebenslauf 37, 58, 61, 76, 80, 82, 95
Lebenslauf, tabellarischer 66, 76
Leistungsfähigkeit 9, 10
Lernen, lebenslanges 16 f., 30

Massenarbeitslosigkeit 14
Messe 65
Mitarbeit, freie 37, 46
Mobilität 29, 61
Motivation 97 f.

Nachbereitung 111 ff.
Nachschlagewerke 48
Netzwerke 52
Notlüge 100

Outplacement 22
Outsourcing 15, 33

Parteizugehörigkeit 101
Persönliche Ansprache 65
Praxis, berufliche 18 f.
Projektordner 55

Qualifikation 22, 57, 58, 59, 61, 67, 70, 72, 75, 95, 103
Qualifikation, berufliche 74
Qualifikation, fachliche 8
Qualitätsbewusstsein 31

Referenzen 21, 87 f.
Religionszugehörigkeit 101

Schlüsselqualifikation 98
Schriftverkehr 5
Schwangerschaft 101
Schwerbehinderung 101
Selbstständigkeit 40, 42
Sitzhaltung 108
Smalltalk 92
Sozialplan 18
Sprachkenntnisse 30
Stellenanzeige 47, 57, 59, 75
Stellengesuch 61 f.
Stellensuche 26, 45 f.
Stellenwechsel 33, 72, 93, 99

Tätigkeiten, freiberufliche 43
Tätigkeiten, körperliche 11
Teilzeitarbeit 38
Telearbeit 44
Telefonat 57 f.
Telefondienste 56

Umschulungsmaßnahmen 52

Vermögensverhältnisse 102
Vorstellungsgespräch 90 ff., 112 f.
Vorstrafen 101
Vorurteile 9 f.

Weiterbildung 13, 30 f.
Wettbewerbsverbot 21

Zeitarbeit 37, 39 f., 46
Zeitvertrag 39
Zeugnis 22, 86 f.
Zeugniskopien 66, 86 f.
Zusatzqualifikation 79
Zuverlässigkeit 31, 107